Mark Twain

Der berühmte Springfrosch von Calaveras und weitere Erzählungen

MARK TWAIN

DER BERÜHMTE SPRINGFROSCH VON CALAVERAS

und weitere Erzählungen

Aus dem Amerikanischen von
Ana Maria Brock, Otto Wilck, Günther Klotz,
Helmut und Christel Wiemken

Die Erzählungen *Der berühmte Springfrosch von Calaveras; Mrs. McWilliams und das Gewitter; Die Geschichte des Invaliden; Wie man eine Erkältung kuriert; Die Sage von der kapitolinischen Venus; Der gestohlene weiße Elefant; Über den Verfall der Kunst des Lügens* stammen aus: Mark Twain: *Ausgewählte Werke in zwölf Bänden* (Hrsg. Karl-Heinz Schönfelder), Bd. 1: *Der berühmte Springfrosch von Calaveras. Erzählungen*. Aus dem Amerikanischen von Günther Klotz, Aufbau-Verlag, 1963.

Die Erzählungen *Die Dreißigtausend-Dollar-Erbschaft; Der Streich, der Ed ein Vermögen einbrachte* stammen aus: Mark Twain: *Die besten Geschichten*. Ausgewählt und eingeleitet von Johannes Kleinstück und Burton S. Pike. Aus dem Amerikanischen neu übertragen von Helmut und Christel Wiemken (Diese Ausgabe erschien erstmals 1960 als Band 234 der Sammlung Dieterich im Carl Ed. Schünemann Verlag, Bremen; Sammlung Dieterich ist eine Marke der Aufbau Verlage GmbH & Co. KG).

Die Erzählung *Die Eine-Million Pfund-Note* stammt aus: Mark Twain: *Ausgewählte Werke in zwölf Bänden* (Hrsg. Karl-Heinz Schönfelder), Bd. 10: *Der geheimnisvolle Fremde. Erzählungen*. Aus dem Amerikanischen von Ana Maria Brock, Otto Wilck.

Genehmigte Lizenzausgabe 2021 für
Nikol Verlagsgesellschaft mbH & Co. KG, Hamburg

Satz: Röser MEDIA GmbH & Co. KG, Karlsruhe
Umschlaggestaltung: Nele Schütz Design unter
Verwendung von shutterstock/michael digital
Druck: CPI Moravia Books s.r.o.
Printed in the Czech Republic

ISBN: 978-3-86820-641-8

Besuchen Sie uns im Internet:
www.nikol-verlag.de

INHALT

DER BERÜHMTE SPRINGFROSCH VON CALAVERAS

Der Bitte eines Freundes entsprechend, der mir aus dem Osten geschrieben hatte, suchte ich den gutmütigen, geschwätzigen alten Simon Wheeler auf und erkundigte mich, wie ich gebeten worden war, nach meines Freundes Freund Leonidas W. Smiley und lege im folgenden das Ergebnis dar. Ich hege den leisen Verdacht, daß Leonidas W. Smiley eine Erfindung ist, daß mein Freund einen solchen nie gekannt hat und nur vermutete, daß, wenn ich den alten Wheeler nach ihm frage, ihm nur sein berüchtigter Jim Smiley einfallen würde und er sich dann ins Zeug legen und mich zu Tode langweilen würde mit irgendeiner zermürbenden Erzählung über ihn, die ebenso weitschweifig und ermüdend wie nutzlos für mich wäre. Wenn das die Absicht war, so hat er sie erreicht.

In der alten baufälligen Kneipe der ehemaligen Goldgräbersiedlung Angel's Camp fand ich Simon Wheeler am Ofen des Schankraums in behaglichem Halbschlummer, und ich bemerkte, daß er dick und kahlköpfig war und auf dem ruhigen Gesicht den Ausdruck gewinnender Güte und Einfalt trug. Er wachte auf und bot mir einen guten Tag. Ich erzählte ihm, einer meiner Freunde habe mich beauftragt, Ermittlungen über einen teuren Jugendgefährten namens Leonidas W. Smiley – Ehrwürden Leonidas W. Smiley, einen jungen Geistlichen, anzustellen, der, wie er gehört hatte, einmal in Angel's Camp wohnhaft gewesen war. Ich fügte hinzu, daß ich Mr. Wheeler zu großem Dank verpflichtet wäre, wenn er mir etwas über diesen Ehrwürden Leonidas W. Smiley sagen könnte.

Simon Wheeler drückte mich rückwärts in eine Ecke und blockierte mich dort mit seinem Stuhl, setzte sich dann hin und haspelte den monotonen Bericht herunter, der diesem Abschnitt folgt. Dabei lächelte er nie, er runzelte nie die Stirn, seine Stimme änderte nie den ruhig dahinfließenden Tonfall, in dem er den ersten Satz angestimmt hatte, er verriet nie den geringsten Anflug von Begeisterung; aber den ganzen nicht enden wollenden Bericht hindurch spürte man Aufrichtigkeit und einen ergreifenden Ernst, was mir deutlich machte, daß er, weit von der Vorstellung entfernt, irgend etwas an seiner Geschichte könnte lächerlich oder komisch sein, sie für wirklich wichtig hielt und seine beiden Helden als Männer von wahrhaft überragender und genialer Raffinesse bewunderte. Für mich war das Schauspiel, wie ein Mann gelassen solch ein fragwürdiges Garn anspann, ohne jemals zu lächeln, ausgesprochen absurd. Wie ich schon sagte, bat ich ihn, mir zu erzählen, was er von Ehrwürden Leonidas W. Smiley wüßte, und er antwortete mir wie folgt. Ich ließ ihn auf seine Art erzählen und unterbrach ihn nicht ein einziges Mal.

»Wir hatten hier mal einen Burschen namens Jim Smiley, im Winter neunundvierzig, oder vielleicht war's im Frühjahr fünfzig – ich kann mich irgendwie nicht genau erinnern, doch war's, glaub ich, neunundvierzig oder fünfzig, denn ich besinne mich darauf, daß der große Kanal noch nicht fertig war, als der Bursche zum erstenmal im Camp auftauchte. Aber wie dem auch sei, das war der merkwürdigste Kerl in der Gegend, da er ständig auf irgend etwas, das ihm gerade über den Weg lief, eine Wette abschloß, wenn er jemand finden konnte, der dagegenhielt; und wenn er keinen fand, wechselte er die Seite. Was immer dem anderen recht war, war ihm recht – wenn er nur zu einer Wette kam, ganz gleich wie, war er zufrieden. Aber trotzdem hatte er Glück, ungewöhnlich viel Glück; fast immer blieb er der Gewinner. Ständig war er bereit und lauerte auf eine Gelegenheit; man konnte nicht eine einzige Sache in den Mund nehmen, ohne daß der Bursche anbot, darauf zu wetten und die Seite zu vertreten, die einem grad recht war, wie ich Ihnen eben gesagt hab. Wenn ein Pferderennen stattfand, schwamm er am Ende in Geld, oder er war pleite; gab's einen Hundekampf, wettete er; gab's einen Katzenkampf, wettete er; gab's einen Hahnenkampf, wettete er; na, wenn da zwei Vögel auf einem Zaun saßen, wettete er, welcher zuerst auffliegen würde; oder wenn im Freien Gottesdienst gehalten wurde, war er regelmäßig dabei, um auf Pfarrer Walker zu setzen, den er für den besten Bußprediger im Umkreis hielt, und das war er auch, ein guter Mann. Sogar wenn er einen langstelzigen Käfer sah, der sich irgendwohin auf den Weg machte, schloß er eine Wette ab, wie lange der wohl bis dahin brauchen würde, wo er hin wollte, und wenn man auf die Wette einging, lief er dem Käfer nach bis Mexiko, nur um herauszubekommen, wohin er wollte und wieviel Zeit er für den Weg brauchte. Eine Menge von den Jungs hier haben diesen Smiley gekannt und können Ihnen von ihm erzählen. Wirklich, ihm hat das nichts ausgemacht – der hat auf alles gewettet, der verrückte Kerl. Einmal lag Pfarrer Walkers Frau längere Zeit schwerkrank danieder, und es sah schon so aus, als wär sie nicht mehr zu retten; aber eines Morgens kam der Pfarrer herein, und Smiley ging auf ihn zu und erkundigte sich nach ihrem Befinden, und der Mann sagte, es ginge ihr wesentlich besser – Dank dem Herrn für seine unendliche Gnade – und sie erhole sich so gut, daß sie mit Hilfe der Vorsehung noch einmal gesund würde; und Smiley sagte, bevor er nachdachte:

›Na, jedenfalls wett ich zweieinhalb Dollar, daß sie nicht wieder auf die Beine kommt.‹

Dieser Smiley hatte einen Gaul – die Jungs nannten ihn den Viertelstundenklepper, aber das war nur ein Spaß, müssen Sie wissen, denn natürlich war er schneller –, und er gewann fortwährend auf den Gaul, obwohl der so langsam war und ständig Asthma hatte oder die Staupe oder die Schwindsucht oder sonst was Ähnliches. Er bekam gewöhnlich zwei- oder dreihundert Yard Vorgabe und wurde dann überholt; aber immer gegen Ende des Rennens, da packte es ihn, und er wurde wie verwegen und kam angestrampelt, die Beine gespreizt und gelenkig in alle Richtungen geworfen, manchmal in die Luft und manchmal nach einer Seite zwischen die Zaunstaketen, und er wirbelte immer mehr Staub auf und machte immer mehr Spektakel mit seinem Husten und Niesen und Naseschnauben – und kam am Ziel immer gerade eine Nasenlänge voraus an, so knapp, daß man es kaum feststellen konnte.

Und er hatte eine kleine, kurzbeinige junge Bulldogge, wenn man die ansah, schien sie einem keinen Cent wert, höchstens dazu da, herumzusitzen und gemein auszusehen und auf der Lauer zu liegen, um was zu stehlen. Aber sobald man Geld auf ihn setzte, wurde das ein anderer Hund; der Unterkiefer schob sich vor wie das Vorderdeck von 'nem Dampfer, und die Zähne entblößten sich und flackerten wild auf wie die Kesselfeuer. Und ein Hund konnte ihn anfahren und ihm zusetzen, ihn beißen und zwei-, dreimal über die Schulter werfen, und Andrew Jackson – so hieß der junge Köter nämlich –, Andrew Jackson tat immer nur so, als ließe er sich das alles gefallen und habe nichts anderes erwartet, und die Einsätze auf den Gegner wurden dauernd verdoppelt und verdoppelt, bis alles Geld angelegt war; und nun plötzlich packte er den anderen Hund genau am Hintergelenk und biß sich fest – er kaute nicht, verstehen Sie, sondern schnappte nur zu und hängte sich daran, bis sie das Handtuch warfen, und wenn's ein Jahr dauerte. Smiley hat mit dem Köter jede Wette gewonnen, bis er sich einmal einen Hund vorknöpfte, der keine Hinterbeine mehr hatte, weil er damit in die Kreissäge geraten war. Und als die Sache lange genug gedauert hatte und alles Geld gesetzt war und der Köter jetzt nach seinem Lieblingshalt schnappen wollte, da merkte er sofort, wie man ihn hereingelegt hatte und wie ihn der andere Hund sozusagen in der Tasche hatte, und er schien überrascht, und dann sah er irgendwie entmutigt aus und machte keinen Versuch mehr, den Kampf zu gewinnen, und so mußte er übel zugerichtet das Feld verlassen. Er warf Smiley einen Blick zu, als wollte er sagen, sein Herz sei gebrochen und es sei Smileys Schuld, weil er ihm einen Hund vorgesetzt hatte, der keine Hinterbeine hatte, an denen man sich festhängen konnte, worauf er sich doch beim Kampf hauptsächlich verließ, und so hinkte er dann ein Stückchen zur Seite, legte sich nieder und starb.

Es war ein guter Köter, dieser Andrew Jackson, und er hätte sich einen Namen gemacht, wenn er am Leben geblieben wäre, denn er hatte das Zeug dazu, und er war begabt – ich weiß das, denn er hatte ja keine Gelegenheiten, die der Rede wert waren, und es ist durchaus nicht selbstverständlich, daß ein Hund unter diesen Umständen einen solchen Kampf liefert, wenn er kein Talent hat. Es macht mich immer ganz traurig, wenn ich an seinen letzten Kampf denke und an das Ende, das er nahm.

Also, dieser Smiley hatte Rattenterrier und Kampfhähne und Kater und alles mögliche, das man gar nicht aufzählen kann, und man konnte ihm auf nichts eine Wette anbieten, die er nicht annahm. Eines Tages fing er einen Frosch, nahm ihn mit nach Hause und sagte, er habe vor, ihn zu trainieren; und so tat er drei Monate nichts anderes, als sich in den Garten zu setzen und dem Frosch das Springen beizubringen. Und Sie können sich drauf verlassen, er brachte es ihm bei. Er gab ihm hinten einen kleinen Schubs, und im nächsten Augenblick sah man den Frosch wie 'nen Pfannkuchen durch die Luft wirbeln – einen Salto schlagen oder auch zwei, wenn er gut abgekommen war, und unversehrt plattfüßig wieder herunterkommen wie eine Katze. Er dressierte ihn ebenso zum Fliegenfangen und hielt ihn ständig in Übung, so daß er jede Fliege erwischte, so weit er sehen konnte. Smiley sagte, ein Frosch brauche nur die richtige Ausbildung, dann bringe er fast alles fertig – und das glaub ich ihm. Na, ich hab erlebt, wie er Daniel Webster hier auf den Fußboden gesetzt hat – Daniel Webster, so hieß der Frosch – und dann rief: ›Fliegen, Daniel, Fliegen!‹, und bevor man richtig gucken konnte, sprang er senkrecht hoch, schnappte eine Fliege von der Theke dort, plumpste wieder auf den Boden wie ein solider Dreckklumpen und fing an, sich so gleichgültig mit dem Hinterbein am Kopf zu kratzen, als habe er keine Ahnung, daß er etwas gemacht hatte, was nicht jeder Frosch kann. Sie haben noch nie einen Frosch gesehen, der trotz seiner Begabung so bescheiden und schlicht war. Und wenn's zum offenen und ehrlichen Weitsprung kam, da brachte er mit einem Satz mehr Boden hinter sich als jedes andere Tier seiner Art, das man kennt. Weitsprung war seine Stärke, müssen Sie wissen; und wenn's dazu kam, setzte Smiley so lange auf ihn, wie er noch einen roten Heller besaß. Smiley war ungeheuer stolz auf den Frosch, und er hatte auch Grund dazu, denn Leute, die weit herumgekommen und überall gewesen waren, sagten alle, er steche jeden Frosch aus, den sie jemals gesehen hätten.

Nun, Smiley hielt das Viech in einer kleinen Kiste mit Gitter, und er nahm's manchmal mit in die Stadt und schloß eine Wette darauf ab. Eines Tages hatte er seine Kiste mit, und ein Kerl begegnete ihm – er war fremd im Camp – und sagte: ›Was mögen Sie da wohl in der Kiste haben?‹

Und Smiley antwortete, als wäre es ihm gleichgültig: ›Vielleicht einen Papagei oder vielleicht einen Kanarienvogel, könnte sein, stimmt aber nicht – 's ist nur 'n Frosch.‹

Und der Kerl nahm ihn, sah ihn sich genau an, drehte ihn so herum und anders und sagte dann: ›Hm – stimmt. Na, und wozu ist der gut?‹

›Na‹, sagte Smiley so leichthin und lässig, ›der ist zu *einem* gut, sollte ich meinen – der springt weiter als jeder andere Frosch von Calaveras County.‹

Noch einmal nahm der Kerl die Kiste und guckte sich den Frosch wieder lange und gründlich an, gab ihn Smiley zurück und sagte sehr bedächtig: ›Also, ich finde nichts an dem Frosch, daß er besser wär als andere.‹

›Vielleicht nicht‹, sagte Smiley. ›Vielleicht verstehn Sie was von Fröschen, vielleicht auch nicht; vielleicht haben Sie Erfahrung damit, vielleicht sind Sie aber sozusagen nur ein Laie. Jedenfalls hab ich meine Meinung, und ich wette vierzig Dollar, daß er weiter springt als jeder andere Frosch von Calaveras County.‹

Und der Kerl überlegte eine Minute und sagte dann fast traurig: ›Nun, ich bin hier nur 'n Fremder, und ich hab keinen Frosch; aber wenn ich einen hätte, würde ich die Wette annehmen.‹

Und Smiley sagte darauf: ›Schon recht – schon recht – wenn Sie die Kiste eine Minute halten wollen; geh ich Ihnen einen Frosch holen.‹ Und so nahm der Kerl die Kiste, legte seine vierzig Dollar neben Smileys und setzte sich hin, um zu warten. Eine ganze Weile saß er so da, überlegte und überlegte, und dann nahm er den Frosch heraus, sperrte ihm das Maul auf, nahm einen Teelöffel und füllte den Frosch mit Schrotkugeln – stopfte ihn fast bis zum Kinn voll – und setzte ihn auf die Erde.

Smiley ging unterdessen zu einem Sumpf, stapfte dort lange Zeit im Morast herum und fing schließlich einen Frosch; er brachte ihn, gab ihn diesem Kerl und sagte: ›Also, wenn Sie soweit sind, setzen Sie ihn neben Daniel, die Vorderbeine auf einer Linie mit Daniels, und dann geb ich das Zeichen.‹

Dann sagte er: ›Eins – zwei – drei – los!‹, und er und der Kerl stupsten die Frösche von hinten, und der neue Frosch hüpfte los, aber Daniel hievte an und zog die Schultern hoch – so wie ein Franzose –, aber es hatte keinen Zweck, er kam nicht vom Fleck; er saß so fest am Boden wie ein Amboß, und er konnte sich nicht besser bewegen, als wäre er verankert. Smiley war reichlich erstaunt und ärgerte sich auch mächtig, aber er hatte natürlich keine Ahnung, was los war.

Der Kerl nahm das Geld und schob ab, und als er zur Tür hinausging, wies er mit dem Daumen über die Schulter – so hier – auf Daniel und sagte wieder sehr bedächtig: ›Also, ich finde nichts an dem Frosch, daß er besser wär als andere.‹

Smiley stand da und kratzte sich den Kopf, blickte lange zu Daniel hinunter und sagte schließlich: ›Ich möcht wissen, warum in aller Welt der Frosch aufgesteckt hat – ich möcht wissen, ob nicht irgendwas mit ihm los ist – irgendwie sieht er, scheint's, mächtig geschwollen aus.‹ Und er packte Daniel beim Genick, hob ihn hoch und sagte: ›Na, nu brat mir einer ’nen Storch, wenn der nicht fünf Pfund wiegt!‹, und er stellte ihn auf den Kopf, und der Frosch spuckte zwei Handvoll Schrotkugeln aus. Dann merkte er, was los war, und wurde fast verrückt. Er setzte den Frosch wieder hin und rannte dem Kerl hinterher, aber er holte ihn nicht mehr ein. Und …«

Hier hörte Simon Wheeler aus dem Vorgarten seinen Namen rufen und stand auf, um nachzusehen, was man von ihm wolle. Als er wegging, wandte er sich zu mir um und sagte: »Bleiben Sie ruhig dort sitzen, wo Sie sind, Fremder, und machen Sie sich’s bequem – ich bin keine Minute weg.«

Doch bitte, ich glaubte nicht, daß die Fortsetzung der Geschichte des unternehmungslustigen Strolches Jim Smiley Wesentliches über Ehrwürden Leonidas W. Smiley zutage fördern würde, und so machte ich mich auf die Beine.

An der Tür begegnete mir der gesellige Wheeler, der zurückkam, und er hielt mich beim Knopf fest und begann von neuem: »Nun, dieser Smiley hatte eine gelbe, einäugige Kuh, die keinen Schwanz hatte, nur einen kurzen Stummel wie eine Banane, und …«

»Oh! Zum Teufel mit Smiley und seiner elenden Kuh!« murmelte ich gutmütig, verabschiedete mich von dem alten Herrn und ging.

MRS. MCWILLIAMS UND DAS GEWITTER

»Ja, Sir«, fuhr Mr. McWilliams fort, denn das war nicht der Anfang seiner Rede, »die Furcht vor dem Gewitter ist eine der qualvollsten Schwächen, mit denen ein Mensch behaftet sein kann. Meist werden nur Frauen davon betroffen; doch hier und da findet man sie bei einem kleinen Hund und manchmal bei einem Mann. Es ist eine besonders schmerzliche Schwäche, weil sie einem Menschen das Herz viel tiefer in die Hosen rutschen läßt als jede andere Angst und weil man ihr nicht mit Vernunftgründen beikommen und sie auch niemandem durch Beschämung austreiben kann. Eine Frau, die selbst dem Teufel trotzen könnte – oder einer Maus –, verliert die Fassung und bricht völlig zusammen beim Anblick eines niederfahrenden Blitzes. Es ist jämmerlich, ihre Furcht mit anzusehen.

Also, wie ich Ihnen sagte, ich wachte auf, den halberstickten und nicht zu lokalisierenden Schrei ›Mortimer, Mortimer!‹ in den Ohren. Sobald ich meine fünf Sinne beisammenhatte, langte ich in die Dunkelheit hinüber und sagte:

›Evangeline, bist du das, der ruft? Was ist denn los? Wo steckst du denn?‹

›Eingeschlossen im Stiefelschrank. Du solltest dich was schämen, dazuliegen und zu schlafen bei solch einem fürchterlichen Gewitter.‹

›Wieso, wie kann man sich denn schämen, wenn man schläft? Das ist Unsinn. Man kann sich nicht schämen, wenn man schläft, Evangeline.‹

›Du hast es ja noch nicht versucht, Mortimer – du weißt ganz genau, du versuchst es ja nicht.‹

Ich vernahm unterdrücktes Schluchzen. Dieser Laut erstickte die scharfen Worte, die mir auf der Zunge lagen, und ich sagte stattdessen: ›Es tut mir leid, Liebes, es tut mir wirklich leid. Ich hab es nicht so gemeint. Komm wieder her und ...‹

›*Mortimer!*‹

›Allmächtiger, was ist denn los, meine Liebe?‹

›Willst du etwa sagen, daß du noch im Bett liegst?‹

›Wieso, natürlich.‹

›Steh sofort auf. Ich dächte, du solltest *ein bißchen* auf dein Leben achten, mir zuliebe und um der Kinder willen, wenn schon nicht um deinetwillen.‹

›Aber meine Liebe ...‹

›Rede mir nicht, Mortimer. Du *weißt,* daß es nirgends so gefährlich ist wie im Bett bei einem solchen Gewitter – das steht in allen Büchern; aber du bleibst da liegen und wirfst dein Leben vorsätzlich weg – der Himmel weiß, warum, wenn nicht um zu streiten und zu streiten und ...‹

›Aber zum Teufel, Evangeline, *jetzt* bin ich nicht im Bett. Ich bin ...‹

Der Satz wurde von einem plötzlichen Blitzstrahl unterbrochen, dem ein erschreckter kleiner Schrei von Mrs. McWilliams und ein ungeheurer Donnerschlag folgten.

›Das hast du's. O Mortimer, wie kannst du nur so ruchlos sein und in solchem Augenblick fluchen?‹

›Ich habe nicht geflucht. Und jedenfalls kam das nicht davon. Der wäre ganz genauso gekommen, wenn ich kein Wort gesagt hätte; und du weißt sehr wohl, Evangeline – jedenfalls solltest du das wissen –, wenn die Atmosphäre mit Elektrizität geladen ist ...‹

›O ja, nun streite darüber und streite! Ich verstehe nicht, wie man sich so benehmen kann, wo du *weißt,* daß wir keinen Blitzableiter auf dem Hause haben und deine Frau und deine

Kinder vollkommen auf die Gnade der Vorsehung angewiesen sind. Was *machst* du da? Ein Streichholz anzünden in solchem Augenblick! Bist du völlig verrückt?‹

›Zum Henker, Weib, was ist denn dabei? Hier drin ist es finster wie im Bauch eines Heiden, und …‹

›Mach's aus! Mach's sofort aus! Legst du's darauf an, uns alle zu opfern? Du *weißt,* daß nichts den Blitz so anzieht wie das Licht.‹

Fzt! – Krach! – Bumm-bolumm-bumbum!

›Oh, hör nur! Jetzt siehst du, was du angerichtet hast!‹

›Nein, ich seh *nicht,* was ich angerichtet habe. Vielleicht mag ein Streichholz den Blitz anziehen, was weiß ich, aber es *verursacht* keinen Blitz – da geh ich jede Wette ein. Und diesmal hat es ihn nicht für einen Cent angezogen, denn wenn der Schuß meinem Streichholz gegolten hat, dann war er verdammt schlecht gezielt – von solchen Schüssen trifft im Durchschnitt von einer Million nicht einer, würde ich sagen. Na, in Dollymount würde ein solcher Schütze …‹

›Schäm dich, Mortimer! Hier stehen wir im Angesicht des Todes, und du bist in so einem feierlichen Augenblick imstande, solche Reden zu führen. Wenn du nicht willst, daß – Mortimer!‹

›Ja?‹

›Hast du heute abend gebetet?‹

›Ich – ich wollte ja, aber dann fiel mir ein zu versuchen, ob ich herausbekomme, wieviel zwölf mal dreizehn ist, und …‹

Fzt! – Bummberumbumm! Bumbelumbel peng! Krach!

›Oh, wir sind verloren, rettungslos verloren! Wie *konntest* du so was nur vergessen in solchem Augenblick!‹

›Aber es war nicht »in solchem Augenblick«. Kein Wölkchen war am Himmel. Woher sollte *ich* denn wissen, daß wegen dieser kleinen Unterlassung gleich so ein Gerumpel und Spektakel losgehen würde? Und ich glaube auch nicht, daß es richtig von dir ist, so ein Tamtam deshalb zu machen, überhaupt, wo mir das so selten passiert. Ich hatte es nicht wieder vergessen, nachdem ich vor vier Jahren das Erdbeben heraufbeschwor.‹

›Mortimer! Wie du sprichst! Hast du das Gelbfieber vergessen?‹

›Meine Liebe, ständig wirfst du mir das Gelbfieber vor, und ich denke, das ist doch vollkommen unberechtigt. Man kann ohne Zwischenstationen nicht einmal ein Telegramm von hier nach Memphis schicken, wie sollte dann ein kleiner Verstoß gegen die Frömmigkeit so weit tragen? Das Erdbeben will ich noch hinnehmen, weil es hier in der Nähe war, aber ich lasse mich hängen, wenn ich verantwortlich sein soll für jedes lumpige …‹

Fzt! – Bummberumbumm! Bum. – Peng!

›Ogottogott, es hat eingeschlagen, ich *weiß* es, Mortimer. Nie mehr werden wir das Licht eines neuen Tages erblicken; und es wird dir guttun, dich zu erinnern, wenn wir nicht mehr sind, daß dein gottloses Gerede – Mortimer!‹

›Ja, was gibt's denn jetzt wieder?‹

›Deine Stimme klingt, als ob – Mortimer, stehst du wirklich vor dem offenen Kamin?‹

›Das ist genau das Verbrechen, das ich gerade verübe.‹

›Geh weg dort, auf der Stelle! Du scheinst tatsächlich entschlossen, uns alle zugrunde zu richten. *Weißt* du nicht, daß es keinen besseren Blitzfang gibt als einen offenen Kamin? Wo bist du denn *jetzt* hingeraten?‹

›Ich stehe hier am Fenster.‹

›Oh, um Himmels willen! Hast du den Verstand verloren? Schnurstracks machst du dich dort weg! Jedes Wickelkind weiß, wie gefährlich es ist, bei Gewitter am Fenster zu stehen. Ogottogott, ich weiß, ich werde nie mehr das Licht eines neuen Tages erblicken! Mortimer!‹

›Ja.‹

›Was ist das für ein Geraschel?‹

›Das bin ich.‹

›Was machst du?‹

›Suche das obere Ende meiner Unterhose.‹

›Schnell! Wirf das Ding weg! Ich glaube gar, du ziehst dir in solchem Augenblick absichtlich diese Hose an; dabei weißt du ganz genau, alle Fachleute sind sich darüber einig, daß wollene Sachen den Blitz anziehen. Ogottogott, es ist nicht genug, daß unser Leben von Naturgewalten bedroht ist, da mußt du auch noch alles anstellen, was dir nur einfällt, um die Gefahr zu erhöhen. Oh, *singe* nicht! Was denkst du dir bloß?‹

›Nun, was schadet denn das?‹

›Mortimer, ich hab dir's gesagt, ich hab dir's schon hundertmal gesagt, daß Singen die Atmosphäre in Schwingungen versetzt, die den Fluß des elektrischen Stroms unterbrechen und … Um alles in der Welt, weshalb machst du die Tür auf?‹

›Guter Gott, Weib, schadet denn *das* etwas?‹

›Schaden? Uns umbringen, meinst du! Jeder, der sich mal irgendwie mit der Frage beschäftigt hat, weiß, wer einen Luftzug verursacht, lädt den Blitz direkt ein. Du hast sie erst halb zugemacht; mach sie richtig zu – und beeil dich damit, oder wir sind alle verloren. Oh, es ist ja entsetzlich, in solchem Augenblick mit einem Wahnsinnigen eingeschlossen zu sein. Mortimer, was *machst* du denn?‹

›Nichts. Drehe nur das Wasser auf. Das Zimmer ist erstickend heiß und dumpfig. Ich möchte mir Gesicht und Hände kühlen.‹
›Du hast bestimmt das letzte bißchen Verstand verloren. Wenn der Blitz in jeden anderen Stoff einmal einschlägt, schlägt er im Wasser fünfzigmal ein. Dreh's ab. O Liebster, nichts in der Welt kann uns noch retten, davon bin ich überzeugt. Mir scheint, daß – Mortimer, was war denn das?‹
›Es war ein verfl... Es war ein Bild. Heruntergestoßen!‹
›Dann stehst du also dicht an der Wand! Von so einer Unvorsichtigkeit hab ich auch noch nicht gehört! *Weißt* du denn nicht, daß nichts den Blitz besser leitet als eine Mauer? Komm weg von dort! Und du warst auch ziemlich nahe dran, zu fluchen. Oh, wie kannst du nur so furchtbar gottlos sein, wo deine Familie in solcher Gefahr schwebt! Mortimer, hast du dir ein Federbett bringen lassen, wie ich dich gebeten habe?‹
›Nein. Vergessen.‹
›Vergessen! Das kann dich das Leben kosten. Wenn du jetzt ein Federbett hättest und könntest es mitten im Zimmer ausbreiten und dich drauflegen, wärst du vollkommen sicher. Komm hier herein, komm schnell, bevor du noch Gelegenheit hast, neue wahnwitzige Dummheiten anzustiften.‹
Ich versuchte es, aber der kleine Schrank wollte uns beide bei geschlossener Tür nicht fassen, wenn wir nicht ersticken wollten. Eine Weile schnappte ich nach Luft, dann brach ich mir Bahn hinaus.
Meine Frau rief: ›Mortimer, etwas *muß* zu deiner Rettung geschehen. Reiche mir das deutsche Buch her, das am Ende des Kaminsimses steht, und eine Kerze, aber brenne sie nicht an. Gib mir ein Streichholz, ich zünde sie hier drin an. In dem Buch stehen einige Ratschläge.‹

Ich holte das Buch – auf Kosten einer Vase und einiger anderer zerbrechlicher Sachen, und die Gnädige schloß sich mit ihrer Kerze ein. Einen Augenblick hatte ich Ruhe; dann rief sie heraus: ›Mortimer, was war das?‹

›Nichts, nur die Katze.‹

›Die Katze! O Verderben! Fang sie und sperr sie in die Waschtoilette. Mach doch schnell, Liebes; Katzen stecken *voller* Elektrizität. Ich weiß schon, ich bekomme noch graue Haare von den entsetzlichen Gefahren dieser Nacht.‹

Wieder vernahm ich das unterdrückte Schluchzen. Wenn das nicht gewesen wäre, hätte ich in der Dunkelheit zu solch einem wilden Unterfangen weder Hand noch Fuß gerührt. So aber machte ich mich an die Arbeit, kletterte über Stühle, stieß gegen alle möglichen Hindernisse, die alle hart und meist auch scharfkantig waren, und erwischte endlich das Kätzchen und sperrte es in die Kommode, was insgesamt mehr als vierhundert Dollar an zerbrochenen Möbeln und Schienbeinen kostete.

Dann drangen aus dem Schrank dumpf die Worte: ›Hier steht, das sicherste ist, man stellt sich mitten im Zimmer auf einen Stuhl, Mortimer; und die Stuhlbeine müssen mit Nichtleitern isoliert sein. Das heißt, du mußt die Stuhlbeine in Trinkgläser stellen.‹

Fzt! – Bum! – Peng! – Krach!

›Oh, hör bloß! Beeil dich, Mortimer, eh es dich erschlägt.‹

Es gelang mir, Gläser zu finden und sicherzustellen. Ich brachte die letzten vier – zerschlug alle übrigen. Ich isolierte die Stuhlbeine und bat um weitere Instruktionen.

›Mortimer, hier steht‹ – sie zitierte deutsch: ›Während eines Gewitters entferne man Metall wie zum Beispiel Ringe, Uhren, Schlüssel etc. von sich und halte sich auch nicht an solchen

Stellen auf, wo viel Metall beieinanderliegt oder mit anderen Körpern verbunden ist wie an Herden, Öfen, Eisengittern und dergleichen. Was heißt das, Mortimer? Heißt das nun, daß man Metall an sich haben oder von sich fernhalten soll?‹

›Ja, ich weiß auch nicht recht. Es scheint ein bißchen durcheinanderzugehen. Alle deutschen Ratschläge gehen mehr oder weniger durcheinander. Allerdings glaube ich, daß der Satz meist im Dativ steht, hier und da ein wenig Genitiv und Akkusativ hineingesiebt, auf gut Glück; deshalb nehme ich an, es bedeutet, daß man etwas Metall an sich haben soll.‹

›Ja, so muß es wohl sein. Jedem vernünftigen Menschen ist das klar. Metall wirkt, weißt du, wie ein Blitzableiter. Setz deinen Feuerwehrhelm auf, Mortimer, der ist größtenteils aus Metall.‹

Ich holte ihn und setzte ihn auf – ein recht schweres, plumpes und unbequemes Ding in einer heißen Nacht in einem stickigen Zimmer. Selbst mein Nachthemd war mir schon zuviel.

›Mortimer, ich glaube, du solltest dich doch um die Mitte herum schützen. Willst du nicht bitte deinen Bürgerwehrsäbel umschnallen?‹

Ich fügte mich.

›Nun, Mortimer, du solltest auch auf irgendeine Art deine Füße schützen. Schnall bitte deine Sporen um.‹

Ich tat es schweigend und behielt die Ruhe, so gut ich konnte.

›Mortimer, hier steht‹ – sie zitierte wieder deutsch: ›Das Gewitterläuten ist sehr gefährlich, weil die Glocke selbst sowie der durch das Läuten veranlaßte Luftzug und die Höhe des Turms den Blitz anziehen könnten.' Mortimer, heißt das, es sei gefährlich, während eines Gewitters die Kirchenglocken nicht zu läuten?‹

›Ja, das scheint es zu bedeuten – wenn das das Partizip Perfekt des Nominativ Singularis ist, und das scheint mir der Fall zu sein. Ja, ich denke, es bedeutet, daß es auf Grund der Höhe des Kirchturmes und in Ermangelung eines Luftzuges sehr gefährlich wäre, bei einem Gewitter die Glocken nicht zu läuten; und außerdem, merkst du nicht, allein die Formulierung …‹

›Schon gut, Mortimer; verschwende nicht die kostbare Zeit mit Reden. Hol die große Tischglocke. Sie ist draußen gleich in der Diele. Schnell, Mortimer, mein Lieber; wir sind fast in Sicherheit. Ach Gott, nun glaube ich wirklich, daß wir noch einmal davonkommen!‹

Unser kleines Sommerhaus steht hoch auf einer Hügelkette und überschaut das Tal. Mehrere Bauernhäuser befinden sich in der Nachbarschaft, das nächste etwa drei- oder vierhundert Yard entfernt.

Als ich, auf dem Stuhl stehend, die furchtbare Glocke so an die sieben oder acht Minuten geläutet hatte, wurden unsere Läden plötzlich von draußen aufgerissen und eine strahlendhelle Blendlaterne zum Fenster hereingesteckt, gefolgt von der heiseren Frage: ›Was in aller Welt ist hier los?‹

Das Fenster war voller Männerköpfe und die Köpfe voller Augen, die mein Nachthemd und meine kriegerische Aufmachung wild anstierten.

Ich ließ die Glocke sinken, sprang bestürzt vom Stuhl herunter und sagte:

›Hier ist nichts weiter los, Freunde – nur ein bißchen Unbehagen wegen des Gewitters. Ich habe versucht, den Blitz abzulenken.‹

›Gewitter? Blitz? Nanu, Mr. McWilliams, haben Sie den Verstand verloren? Wir haben eine herrliche sternklare Nacht. Es hat kein Gewitter gegeben.‹

Ich schaute hinaus und war so verblüfft, daß ich eine Weile kein Wort hervorbrachte. Dann sagte ich: ›Das verstehe ich nicht. Wir haben doch den Schein der Blitze deutlich durch die Vorhänge und Fensterläden gesehen und den Donner gehört.‹

Die Leute legten sich einer nach dem anderen auf die Erde und lachten – zwei von ihnen lachten sich zu Tode. Einer der Überlebenden bemerkte: ›Ein Jammer, daß Sie nicht daran gedacht haben, Ihre Läden zu öffnen und über den hohen Berg dort drüben zu gucken. Was Sie gehört haben, waren Kanonen, und was Sie gesehen haben, war das Mündungsfeuer. Sehen Sie, gerade um Mitternacht kam über den Telegraphen die Nachricht: Garfield ist ernannt – das ist die ganze Geschichte!‹

Ja, Mr. Twain, wie ich anfangs betonte«, sagte Mr. McWilliams, »die Anweisungen zum Schutz gegen Blitzschlag sind so vortrefflich und so zahlreich, daß es mir schlechterdings unbegreiflich ist, wie es überhaupt jemand fertigbringt, vom Blitz erschlagen zu werden.«

Mit diesen Worten nahm er seine Büchermappe und seinen Regenschirm und stieg aus, denn der Zug hatte seine Stadt erreicht.

DIE GESCHICHTE DES INVALIDEN

Ich scheine sechzig zu sein und verheiratet, aber dieser Eindruck ist auf meinen Zustand und meine Leiden zurückzuführen, denn ich bin Junggeselle und erst einundvierzig. Es wird Ihnen schwerfallen, zu glauben, daß ich, der ich jetzt nur noch ein Schatten bin, vor zwei kurzen Jahren noch ein rüstiger Mann war, ein Mann aus Eisen, ein richtiger Athlet! – Doch das ist die reine Wahrheit. Aber seltsamer noch als diese Tatsache ist die Art und Weise, auf die ich meine Gesundheit verlor. Ich verlor sie dadurch, daß ich mich in einer Winternacht auf einer Eisenbahnfahrt über zweihundert Meilen um eine Kiste Gewehre kümmern half. Das ist tatsächlich wahr, und ich will Ihnen das erzählen.

Ich bin in Cleveland, Ohio, ansässig. Eines Winterabends vor zwei Jahren kam ich in einem wilden Schneetreiben kurz nach Einbruch der Dunkelheit nach Hause, und das erste, was ich bei Betreten des Hauses hörte, war, daß mein bester Jugend- und Schulfreund, John B. Hackett, am Vortage gestorben war und daß er mit seinen letzten Worten den Wunsch geäußert hatte, ich sollte seine sterblichen Überreste zu seinem armen alten Vater und seiner Mutter nach Wisconsin bringen.

Ich war sehr erschüttert und betrübt, aber es durfte keine Zeit mit Gefühlen verschwendet werden; ich mußte sofort aufbrechen. Ich nahm die Adreßkarte mit der Aufschrift »Diakon Levi Hackett, Bethlehem, Wisconsin« und jagte los durch den pfeifenden Sturm zum Bahnhof. Als ich dort ankam, fand ich die lange Fichtenholzkiste, die man mir beschrieben hatte; ich befestigte die Karte mit einigen kleinen Nägeln daran, sorgte dafür, daß die Kiste sicher in den Gepäckwagen gelangte, und rannte in den Speisesaal, um mich mit einem belegten Brot und ein paar Zigarren zu versorgen. Als ich kurz danach zurückkehrte, war mein Sarg offenbar *wieder da,* und ein junger Bursche untersuchte ihn ringsherum, eine Adreßkarte in der Hand sowie einige kleine Nägel und einen Hammer! Ich staunte und wunderte mich. Er begann, seine Karte anzunageln, und ich stürmte ziemlich aufgebracht zum Gepäckwagen, um eine Erklärung zu verlangen. Aber nein – dort stand meine Kiste ganz richtig im Gepäckwagen; mit ihr war nichts geschehen.

(Tatsache ist, daß uns ein gewaltiges Versehen unterlaufen war, ohne daß ich es ahnte. Ich nahm eine Kiste Gewehre mit, die der junge Bursche zum Bahnhof gebracht hatte; um sie an eine Schützenkompanie in Peoria, Illinois, zu verfrachten, und er hatte meine Leiche!)

In dem Augenblick rief der Schaffner: »Einsteigen, bitte!«, und ich sprang in den Wagen der Eisenbahnspeditionsgesellschaft und erhielt einen bequemen Platz auf einer Sendung Eimer. Der Packmeister war angestrengt bei der Arbeit – ein einfacher Mann von fünfzig Jahren, mit einem arglosen, ehrlichen, gutmütigen Gesicht und einer frischen, handfesten Herzlichkeit in seinem Wesen. Als sich der Zug in Bewegung setzte, sprang ein Fremder in unseren Wagen und stellte ein Paket Limburger Käse, der auffällig »durch« und leistungsfähig war, auf das eine Ende meines Sargs – ich meine, meiner Gewehrkiste. Das heißt, *jetzt* weiß ich, daß es Limburger Käse war, doch damals hatte ich von diesem Artikel mein ganzes Leben noch nichts gehört und kannte seine Eigenschaften überhaupt nicht.

Nun, wir sausten durch die wilde Nacht, der heftige Sturm wütete weiter, trostlose Trübsal befiel mich, und mein Mut sank immer tiefer! Der alte Packmeister machte ein oder zwei muntere Bemerkungen über den Sturm und das arktische Wetter, schob die Schiebetür krachend zu, verriegelte sie, schloß das Fenster dicht und lief dann geschäftig herum, hierhin und dahin, rückte die Sachen zurecht und summte die ganze Zeit zufrieden »Später, Liebling«, mit tiefer Stimme und ziemlich oft falsch.

Kurz danach bemerkte ich, daß ein höchst übler und durchdringender Geruch in der eiskalten Luft herumzog. Das bedrückte mich noch mehr, denn ich schrieb ihn natürlich meinem armen verschiedenen Freunde zu. Es lag etwas unendlich Bekümmerndes in dieser stummen, bemitleidenswerten Art, sich mir in Erinnerung zu bringen, so daß es mir schwerfiel, die Tränen zurückzuhalten. Überdies bedrückte es mich wegen des alten Packmeisters, der, wie ich fürchtete, es wahrnehmen könnte. Er fuhr jedoch ruhig fort zu summen und verriet nichts; dafür war ich dankbar. Dankbar ja, aber mir war noch unbehaglich; und bald fühlte ich mich mit jeder Minute unbehaglicher, denn mit jeder Minute, die verging, verstärkte sich der Geruch und wurde immer fauliger und unerträglicher.

Bald darauf, als der Packmeister alle Sachen zu seiner Zufriedenheit angeordnet hatte, nahm er Holz her und machte ein riesiges Feuer in seinem Ofen. Das bedrückte mich mehr, als ich sagen kann, denn ich konnte mich des Gefühls nicht erwehren, daß das ein Fehler war. Ich war überzeugt, daß dies auf meinen armen verschiedenen Freund eine schädliche Wirkung ausüben würde. Thompson – der Packmeister hieß Thompson, wie ich im Laufe der Nacht herausfand – ging nun schnüffelnd in seinem Wagen herum, wobei er jeden einzelnen Spalt zustopfte, den er nur finden konnte, und äußerte, es sei ganz gleich, was draußen für eine Nacht herrsche, er habe jedenfalls vor, es uns gemütlich zu machen. Ich sagte nichts, aber ich glaubte, er schlug nicht den richtigen Weg dazu ein. Unterdessen summte er vor sich hin, genau wie zuvor, und unterdessen wurde auch der Ofen immer heißer und die Luft immer stickiger. Ich merkte, wie ich bleich und wie mir übel wurde, doch grämte ich mich still und sagte nichts. Bald fiel mir auf, daß das »Später Liebling« allmählich leiser wurde; dann hörte es ganz auf, und es herrschte ein drohendes Schweigen.

Nach einer Weile sagte Thompson: »Puh! Ich schätze, 's war kein Zimt, mit dem ich den Ofen hier vollgestopft hab!«

Er schnaufte ein-, zweimal, ging dann auf den Sa… – auf die Gewehrkiste zu, blieb einen halben Augenblick über dem Limburger Käse stehen, kam dann zurück und setzte sich neben mich, wobei er reichlich mitgenommen aussah. Nach einer besinnlichen Pause sagte er, mit einer Geste auf die Kiste weisend: »Freund von Ihnen?«

»Ja«, sagte ich mit einem Seufzer. »Der ist ziemlich reif, was!«

Ungefähr zwei Minuten lang wurde nichts weiter gesprochen, da jeder mit seinen eigenen Gedanken beschäftigt war; dann sprach Thompson mit leiser, ergriffener Stimme: »Manchmal ist es unsicher, ob sie wirklich tot sind oder nicht – *scheintot*, wissen Sie, Körper warm, Gelenke biegsam –, und obgleich man *glaubt*, sie sind tot, weiß man's deshalb noch lange nicht genau. Ich hatte solche Fälle in meinem Wagen. Es ist absolut entsetzlich, weil man vorher nicht weiß, welche Minute sie aufstehen und einen angucken!«

Dann nach einer Pause, den Ellbogen leicht zur Kiste hin hebend: »Aber *der* liegt in keiner Trance! Nein, Sir, für *den* setz ich meinen Kopf!«
Einige Zeit saßen wir in nachdenklichem Schweigen da, dem Winde lauschend und dem Rattern des Zuges; dann sagte Thompson mit großer Rührung: »Jaja, wir müssen alle mal abtreten, da kommen wir nicht drum rum. Der Mensch, vom Weibe geboren, lebt nur kurze Zeit, wie's in der Bibel heißt. Ja, darüber mag man denken, wie man will, es ist furchtbar ernst und seltsam: Keiner kommt da drum rum; alle müssen abtreten – einfach *jeder,* wie man sagen kann. Einen Tag ist man gesund und stark« – hier krabbelte er auf die Beine und schlug eine Fensterscheibe ein, steckte einen Augenblick oder zwei seine Nase hinaus und setzte sich wieder hin, während ich mich mühsam erhob und an der gleichen Stelle meine Nase hinaushielt, und das wiederholten wir von Zeit zu Zeit – »und am nächsten ist man hingemäht wie Gras, und ihre Stätte kennet sie nicht mehr, wie's in der Bibel heißt. Ja wirklich, es ist furchtbar ernst und seltsam; aber wir müssen alle mal abtreten, früher oder später, da kommen wir nicht drum rum.«
Eine weitere lange Pause folgte, dann: »Woran ist er gestorben?« Ich sagte, ich wisse es nicht.
»Wie lange ist er tot?«
Es schien mir ratsam, den Tatbestand zu erweitern, um ihn der Wahrscheinlichkeit anzupassen; deshalb sagte ich: »Zwei oder drei Tage.«
Aber es half nicht, denn Thompson quittierte es mit einem verletzten Blick, der ganz klar sagte: ›Zwei oder drei *Jahre,* meinen Sie.‹ Dann fuhr er sogleich fort, seelenruhig meine Angabe übergehend, und legte in behaglicher Breite seine Meinung

über die Unklugheit dar, die Beerdigung zu lange aufzuschieben. Danach schlenderte er zu der Kiste, blieb einen Moment stehen, kam dann in scharfem Trabe zurück und suchte das eingeschlagene Fenster auf, wobei er äußerte: »Es wär 'ne verdammte Naht besser gewesen, rundum, wenn man ihn im vergangenen Sommer in Bewegung gesetzt hätte.« Thompson setzte sich hin, vergrub das Gesicht in seinem rotseidenen Taschentuch und begann, den Körper langsam hin und her zu wiegen und zu schaukeln, wie einer, der sich die größte Mühe gibt, das Unerträgliche zu ertragen. Zu diesem Zeitpunkt war der Duft – wenn man ihn Duft nennen kann – beinahe zum Ersticken, so nahe daran, wie es nur geht. Thompson wurde grau im Gesicht; daß das meinige keine Farbe mehr hatte, wußte ich. Später stützte er den linken Ellbogen auf das Knie und ließ die Stirn auf der Hand ruhen, mit der anderen Hand schwenkte er leicht das rote Taschentuch in Richtung der Kiste und sagte: »Ich habe schon so manchen von denen befördert – einige davon waren auch beträchtlich über die Zeit, aber, guter Gott, der hier sticht sie alle aus! – und das mit Leichtigkeit. Käpten, die anderen waren Sonnenblumen dagegen!«

Diese Anerkennung meines armen Freundes freute mich trotz der traurigen Umstände, denn sie klang so sehr nach einem Kompliment.

Ziemlich bald wurde mir klar, daß irgend etwas getan werden mußte. Ich schlug Zigarren vor. Thompson hielt das für einen guten Einfall. Er sagte: »Wahrscheinlich wird ihn das ein bißchen mildern.«

Lebhaft pafften wir eine Weile drauflos und versuchten fleißig, uns einzubilden, daß es nun besser wäre. Das hatte jedoch gar keinen Sinn. Sehr bald und ohne uns verständigt zu haben, ließen wir zu gleicher Zeit die Zigarren still aus den kraftlosen

Fingern fallen. Thompson sagte seufzend: »Nein, Käpten, das mildert ihn nicht für 'nen Sechser. Es macht ihn in Wirklichkeit noch schlimmer, weil's anscheinend seinen Ehrgeiz anstachelt. Was, meinen Sie, solln wir da lieber machen?«

Ich war nicht in der Lage, irgend etwas vorzuschlagen; ich mußte nämlich die ganze Zeit schlucken und schlucken und traute mich nicht zu sprechen. Thompson begann, unzusammenhängend und niedergeschlagen über die traurigen Erfahrungen dieser Nacht zu faseln, und er gab nunmehr meinem armen Freund verschiedene Titel – manchmal militärische, manchmal zivile; und ich bemerkte, daß in dem Maße, wie die Wirksamkeit meines Freundes zunahm, Thompson ihn beförderte – ihm einen höheren Titel verlieh.

Schließlich sagt er: »Ich hab 'ne Idee. Angenommen, wir packen mal kräftig an und geben dem Colonel 'nen kleinen Schubs ans andere Ende des Wagens? – Ungefähr zehn Fuß, sagen wir. Da hätte er nicht so großen Einfluß, meinen Sie nicht?«

Ich sagte, das sei ein guter Plan. So holten wir am eingeschlagenen Fenster noch einmal tief frische Luft, die wir anhalten wollten, bis wir fertig wären; dann gingen wir hin, beugten uns über den mörderischen Käse und faßten die Kiste an. Thompson nickte: »Fertig!«, und dann warfen wir uns mit aller Kraft vorwärts; doch Thompson rutschte aus, plumpste mit der Nase auf den Käse, und sein Atem platzte hervor. Er würgte und schnaufte, taumelte hoch und stürzte nach der Tür, indem er in der Luft herumfuchtelte und krächzte: »Halten Sie mich nicht auf! Aus dem Wege! Ich sterbe; aus dem Wege!«

Draußen auf der kalten Plattform setzte ich mich hin und hielt eine Weile seinen Kopf; er kam wieder zu sich. Dann sagte er: »Meinen Sie, wir haben den General 'n bißchen angerückt?«

Ich sagte, nein, wir hätten ihn nicht von der Stelle gebracht. »Nun denn, *die* Idee ist im Eimer. Wir müssen uns was anderes überlegen.

Ihm gefällt's dort, wo er ist, glaube ich; und wenn er *so* über die Angelegenheit denkt und zu der Ansicht gelangt ist, daß er nicht gestört werden will, dann, wette ich, setzt er auch seinen Kopf in dem Punkte durch. Ja, lassen wir ihn besser dort, wo er ist, solange er Lust hat; denn er hat alle Trümpfe in der Hand, und deshalb versteht's sich von selbst, daß derjenige, der's darauf anlegt, die Pläne für ihn zu ändern, Schiffbruch erleidet.«

Doch in dem wütenden Sturm konnten wir nicht bleiben; wir wären erfroren. So gingen wir wieder hinein und schlossen die Tür, begannen erneut, Qualen auszustehen und uns an dem Loch im Fenster abzuwechseln.

Als wir später aus einem Bahnhof abfuhren, wo wir einen kurzen Augenblick gehalten hatten, kam Thompson munter in den Wagen gesprungen und rief aus: »Jetzt ist alles in Ordnung für uns! Ich glaube, diesmal kriegen wir den Kommodore. Ich nehme an, ich habe jetzt das richtige Zeug, das ihm den Wind aus den Segeln nimmt.«

Es war Karbol. Er hatte einen Korbballon davon. Er sprengte Karbol ringsherum, überall; er tränkte wirklich alles damit, Gewehrkiste, Käse und alles. Dann setzten wir uns hin und waren durchaus zuversichtlich. Aber das hielt nicht lange an. Die beiden Wohlgerüche vermischten sich, wissen Sie, und dann – na, ziemlich bald stürzten wir zur Tür; draußen wischte sich Thompson mit dem bunten Taschentuch das Gesicht und sagte, wie entmutigt: »Es hat keinen Zweck. Gegen *den* kommen wir nicht an. Er macht sich alles zunutze, was wir auffahren, um ihn zu mildern, gibt ihm sein eigenes Aroma und richtet es umgekehrt gegen uns. Na, Käpten, merken Sie nicht, 's ist jetzt hundertmal schlechter hier drin als vorher, wie wir losfuhren. Ich *habe* aber noch keinen von ihnen erlebt, der sich für seine Arbeit so erwärmt und so verdammt viel Interesse gezeigt hätte. Nein, Sir, noch nie, solange ich hier fahre; und ich habe schon viele von ihnen befördert, wie ich Ihnen sagte.«

Als wir ziemlich steif vor Kälte waren, gingen wir wieder hinein; doch, meine Güte, jetzt konnten wir nicht mehr drin bleiben. So tanzten wir einfach vor und zurück, im Wechsel einfrierend und auftauend – und erstickend.

Nach ungefähr einer Stunde hielten wir auf einer anderen Station, und als wir sie verließen, kam Thompson mit einer Tasche herein und sagte: »Käpten, ich werde es noch mal mit ihm versuchen – nur noch dieses eine Mal; und wenn wir ihn diesmal nicht kriegen, dann bleibt uns nichts übrig, als das Handtuch zu werfen und den Ring zu verlassen. So betrachte *ich* die Sache.« Er hatte eine Menge Hühnerfedern mitgebracht und getrocknete Äpfel und Tabakblätter und Lumpen und alte Stiefel und Schwefel und Asafoetida und noch das eine oder das andere; und er schichtete alles auf ein Eisenblech in die Mitte des Wagens und zündete es an.

Als es richtig losging, konnte ich selbst nicht begreifen, wie sogar die Leiche das aushielt. Alles Voraufgegangene war einfach ein Gedicht gegen diesen Geruch – aber geben Sie acht: Der ursprüngliche Geruch hob sich von diesem so erhaben ab wie nur je; Tatsache ist, diese anderen Gerüche schienen ihm nur noch mehr Macht zu verleihen; und meine Güte, wie kräftig er war! Diese Überlegungen stellte ich nicht dort an – dazu war keine Zeit –, stellte sie auf der Plattform an. Und als Thompson zur Plattform springen wollte, wurde er benommen und fiel um; bevor ich ihn herausgezogen hatte, wobei ich ihn am Kragen packte, war ich selbst ziemlich nahe am Abkratzen. Als wir wieder zu Bewußtsein kamen, sagte Thompson deprimiert: »Wir müssen hier draußen bleiben, Käpten. Wir müssen. Es gibt keinen anderen Weg. Der Gouverneur will allein reisen, und er hat's Zeug dazu, uns zu überstimmen.« Und sogleich fügte er hinzu: »Und wissen Sie nicht, wir sind *vergiftet.* Es ist *unsere* letzte Fahrt, damit können Sie sich abfinden. Typhus ist es, was man davon bekommt. Ich fühle, wie es bei mir eben jetzt schon losgeht. Ja, Sir, wir sind auserwählt, so sicher Sie geboren sind.«

Auf der nächsten Station wurden wir eine Stunde später von der Plattform geholt, erstarrt und bewußtlos, und ich fiel sofort in ein bösartiges Fieber und war drei Wochen lang ohne jegliche Besinnung. Dann fand ich heraus, daß ich jene entsetzliche Nacht mit einer harmlosen Kiste Gewehre und einem unschuldigen Berg Käse verbracht hatte; aber diese Neuigkeit kam zu spät, um mich zu retten; die Phantasie hatte das Ihre getan, und meine Gesundheit war für immer zerrüttet; weder Bermuda noch irgendein anderes Land kann sie mir je wieder zurückgeben. Dies ist meine letzte Reise; ich bin auf dem Wege nach Hause, um zu sterben.

WIE MAN EINE ERKÄLTUNG KURIERT

Es hat vielleicht sein Gutes, zur Unterhaltung der Leser zu schreiben, doch ist es weitaus erhabener und edler, zu ihrer Belehrung zu schreiben, zu ihrem Gewinn, ihrem wirklichen, spürbaren Nutzen. Letzterem allein dient dieser Beitrag. Wenn es durch ihn gelänge, einem einzigen Leidenden unter meinen Mitmenschen wieder zur Gesundheit zu verhelfen, noch einmal das Feuer der Hoffnung und Freude in seinen matten Augen zu entzünden und seinem müden Herzen den raschen, kräftigen Pulsschlag vergangener Tage zurückzubringen, wäre ich für meine Mühe reichlich belohnt; und jene heilige Wonne würde meine Seele erfüllen, die jeder Christ nach einem guten, selbstlosen Werk verspürt.

Da ich stets ein reines, untadeliges Leben geführt habe, darf ich wohl mit Recht annehmen, daß niemand, der mich kennt, meine folgenden Ratschläge zurückweisen wird, aus Furcht, ich versuchte, ihn zu täuschen. Möge sich das Publikum selbst die Ehre erweisen, meine hier niedergelegten Erfahrungen in der Behandlung einer Erkältung zu lesen und dann meinem Beispiel nachzueifern.

Als das Weiße Haus von Virginia abbrannte, verlor ich meine Wohnung, mein Glück, meine Gesundheit und meinen Koffer. Der Verlust der beiden erstgenannten Dinge war nicht so schwerwiegend, denn eine Wohnung ohne Mutter, ohne Schwester oder eine junge entfernte Verwandte, die deine schmutzige Wäsche aus dem Blickfeld räumt und die Stiefel vom Kaminsims nimmt und dich so daran erinnert, daß jemand da ist, der an dich denkt und sich darum kümmert, ist leicht zu finden. Und ich sorgte mich auch nicht um den

Verlust meines Glücks, denn da ich kein Dichter war, konnte die Melancholie bei mir unmöglich lange anhalten. Aber eine gute Gesundheit und einen besseren Koffer zu verlieren, das war ein ernstliches Unglück. Am Tage des Feuers wich meine Gesundheit einer schweren Erkältung, die ich mir durch die Überanstrengung zuzog, mich aufzuraffen, um etwas zu tun. Mein Leiden war außerdem zwecklos, denn der Plan, den ich zum Löschen des Feuers gerade entwarf, war so kunstvoll, daß ich ihn erst Mitte der darauffolgenden Woche vollenden konnte. Als ich zum erstenmal nieste, hieß mich mein Freund ein warmes Fußbad nehmen und zu Bett gehen. Das machte ich. Kurz danach riet mir ein anderer Freund, aufzustehen und ein kaltes Brausebad zu nehmen. Auch das machte ich. In der gleichen Stunde noch versicherte mir ein weiterer Freund, man müsse »den Schnupfen füttern und das Fieber aushungern«, das sei das Richtige. Ich hatte beides, deshalb hielt ich es für das beste, mich wegen des Schnupfens vollzustopfen, dann nichts zu verraten und das Fieber eine Weile hungern zu lassen.

In einem solchen Fall tue ich selten etwas halb. Ich aß eine tüchtige Portion. Mit meiner Kundschaft beehrte ich einen Fremden, der an jenem Morgen gerade sein Restaurant eröffnet hatte. In gebührendem Schweigen wartete er neben meinem Tisch, bis ich mit der Fütterung meines Schnupfens fertig war, dann fragte er, ob die Leute in Virginia viel unter Schnupfen zu leiden hätten. Ich sagte, das glaube ich wohl. Daraufhin ging er hinaus und nahm sein Wirtshausschild herunter.

Ich machte mich nun auf den Weg ins Büro und traf unterwegs wieder einen Busenfreund, der mir erklärte, es gäbe auf der Welt kein wirksameres Schnupfenmittel, als eine viertel Gallone warmes Salzwasser zu trinken. Ich glaubte kaum, daß dafür noch Platz vorhanden wäre, aber ich versuchte es trotzdem. Das

Ergebnis war überraschend. Ich dachte, es bringe meine unsterbliche Seele mit zum Vorschein.

Da ich nun meine Erfahrungen nur zum Nutzen derer darlege, die von dem Übel befallen sind, über das ich schreibe, werden diese wohl einsehen, wie richtig es von mir ist, sie vor den von mir probierten Mitteln zu warnen, die bei mir nicht anschlugen. Aus solcher Überzeugung rate ich ihnen also, sich vor warmem Salzwasser in acht zu nehmen. Es mag ja eine ganz gute Medizin sein, aber ich halte sie für zu stark. Wenn ich wieder einmal den Schnupfen hätte und mir bliebe zu meiner Rettung nichts anderes übrig, als zwischen einem Erdbeben und einem Viertel Salzwasser zu wählen, so würde ich mein Heil mit dem Erdbeben versuchen.

Nachdem sich der Sturm in meinem Magen etwas gelegt hatte und mir kein guter Samariter mehr über den Weg lief, borgte ich mir wieder Taschentücher und zerschneuzte sie in Atome, wie es in den ersten Phasen der Erkältung meine Gewohnheit gewesen war. Das trieb ich so lange, bis ich einer Dame begegnete, die von jenseits der Großen Ebenen kam. Sie sagte, sie habe in einer Gegend gewohnt, wo Ärzte dünn gesät seien, und die Not habe sie gezwungen, sich ein ziemliches Geschick in der Behandlung einfacher »Alltagsbeschwerden« anzueignen. Ich war überzeugt, daß sie eine reiche Erfahrung haben müsse, denn sie sah aus, als wäre sie hundertfünfzig Jahre alt.

Aus Sirup, Scheidewasser, Terpentin und verschiedenen anderen Drogen braute sie einen Absud zusammen, von dem ich nach ihrer Anweisung alle Viertelstunden ein Weinglas voll nehmen sollte. Ich nahm nur eine einzige Dosis; das genügte mir. Sie beraubte mich aller moralischen Grundsätze und erweckte die unwürdigsten Triebe in mir. Unter ihrer unheilvollen Einwirkung heckte mein Verstand wahre Wunder von Ruchlosigkeit aus, doch meine Hand war zu schwach, diese Pläne auszuführen. Wenn zu jener Zeit meine Kraft nicht den dauernden Angriffen unfehlbarer Schnupfenmittel erlegen wäre, so wäre ich wahrhaftig imstande gewesen, den Friedhof zu plündern. Wie die meisten anderen Menschen habe ich oft niedrige Regungen und handle danach; doch bevor ich diese Medizin schluckte, hatte ich noch nie in solch übernatürlicher Verworfenheit geschwelgt und mich obendrein stolz darauf gefühlt.

Nach Ablauf von zwei Tagen war ich wieder so weit, daß ich aufs neue herumdoktern konnte. Ich nahm noch ein paar unfehlbare Mittel und trieb schließlich die Erkältung aus dem Kopf in die Lunge.

Nun fing ich an, unaufhörlich zu husten, und meine Stimme sank unter den Nullpunkt. Ich sprach in einem grollenden Baß, zwei Oktaven tiefer als sonst. Zu meiner regulären Nachtruhe gelangte ich erst, wenn ich mich in den Zustand völliger Erschöpfung gehustet hatte, und in dem Moment, wo ich im Schlafe zu reden begann, weckte mich dann meine krächzende Stimme wieder auf.

Von Tag zu Tag wurde meine Verfassung ernster. Man empfahl mir klaren Gin; ich nahm ihn. Dann Gin mit Sirup; auch den trank ich. Dann Gin mit Zwiebeln; ich fügte die Zwiebeln hinzu und schluckte alles zusammen. Ich stellte keine besondere Wirkung fest, nur daß ich mir einen Atem wie ein Bussard zugelegt hatte.

Nun wurde mir klar, daß ich zur Besserung meiner Gesundheit reisen mußte. Mit meinem Reporterkollegen Wilson fuhr ich an den Lake Bigler. Mit großer Befriedigung denke ich noch daran, daß wir sehr vornehm reisten; wir benutzten nämlich die Pionierpost, und mein Freund nahm sein ganzes Gepäck mit, das aus zwei prachtvollen Seidentüchern und der Daguerreotypie seiner Großmutter bestand. Wir segelten, jagten, angelten und tanzten den ganzen Tag, und nachts pflegte ich meinen Husten. Durch all das stellte ich fest, daß es mir mit jeder Stunde des Tages besser ging. Meine Krankheit jedoch wurde ständig schlimmer.

Man empfahl mir eine kalte Packung. Bisher hatte ich noch nie ein Heilmittel zurückgewiesen, und es schien mir unklug, jetzt damit anzufangen; deshalb entschloß ich mich, die kalte Packung zu nehmen, obgleich ich keine Ahnung hatte, was für eine Prozedur das war. Man verabreichte sie mitten in der Nacht, und es war frostiges Wetter. Brust und Rücken wurden frei gemacht, ein Leintuch in Eiswasser getaucht und mir dann um den Leib gewickelt (es schien Tausende von Yard lang), bis ich wie der Rohrwischer einer schweren Haubitze aussah.

Es ist ein grausames Verfahren. Wenn der eisige Fetzen an das warme Fleisch kommt, fährt man so furchtbar zusammen und schnappt nach Luft, als läge man in den letzten Zügen. Mir gefror das Mark in den Knochen, und mein Herz setzte aus. Ich glaubte, mein letztes Stündlein habe geschlagen.

Der junge Wilson sagte, das erinnere ihn an eine Anekdote. Bei der Taufe eines Negers rutschte dieser dem Pfarrer aus der Hand und ertrank beinahe. Er zappelte jedoch im Wasser herum, kam schließlich wieder hoch, halb erwürgt und giftig vor Wut, und steuerte gleich aufs Ufer zu, wobei er Wasser spie wie ein Wal und denkbar schroff ausstieß: »Eines Tages wird noch mal einem Herrn sein Neger hier kaputtgehn, und alles wegen so 'nem verdammten Blödsinn!«

Nehmen Sie nie eine kalte Packung – nie. Es ist eins der unangenehmsten Dinge der Welt und kommt gleich nach der Begegnung mit einer Dame aus der Bekanntschaft, die aus Gründen, die sie selbst am besten kennt, uns nicht sieht, wenn sie uns erblickt, und uns nicht kennt, wenn sie uns sieht. Aber was ich sagen wollte, als es der kalten Packung nicht gelang, mich von der Erkältung zu befreien, riet mir eine befreundete Dame, ein Senfpflaster auf die Brust zu legen. Das hätte mich wohl wirklich kuriert, glaube ich, wäre nicht der junge Wilson gewesen. Als ich zu Bett ging, legte ich das Senfpflaster – ein prächtiges Exemplar, achtzehn Zoll im Quadrat – so bereit, daß ich es bequem zur Hand hatte, wenn ich es brauchte. Aber Wilson bekam in der Nacht Hunger und – das übrige kann sich der Leser denken. Nach einer Woche Aufenthalt am Lake Bigler fuhr ich nach Steamboat Springs, wo ich außer den Dampfbädern eine Anzahl der scheußlichsten Arzneien nahm, die je zusammengebraut wurden. Die hätten mich wiederhergestellt, aber ich mußte wieder zurück nach Virginia fahren, wo ich es trotz der verschiedensten neuen Heilmittel, die ich tagtäglich schluckte, fertigbrachte, meinen Zustand zu verschlimmern, indem ich mich sorglos verhielt und mich ungebührlich der kalten Witterung aussetzte.

Endlich beschloß ich, San Francisco zu besuchen. Am ersten Tage nach meiner Ankunft sagte mir eine Dame im Hotel, ich solle alle vierundzwanzig Stunden ein Viertel Whisky trinken, und ein Freund aus der Stadt empfahl mir genau das gleiche; das machte zusammen eine halbe Gallone. Ich tat es und lebe immer noch.

Also, in der allerbesten Absicht unterbreite ich den Schwindsüchtigen das wechselvolle Heilverfahren, das ich kürzlich durchgemacht habe. Sie mögen es probieren: Wenn es nicht hilft – es kann sie nicht mehr als umbringen.

DIE SAGE VON DER KAPITOLINISCHEN VENUS

1. Kapitel

Ort der Handlung: Das Atelier eines Künstlers in Rom

»O George, ich *liebe* dich!«
»Ach du meine Güte, Mary, das weiß ich – aber warum ist dein Vater so halsstarrig?«
»George, er meint es gut, aber Kunst ist bei ihm Mumpitz, er versteht nur was von Spezereien. Er glaubt, du würdest mich verhungern lassen.«
»Zum Henker mit seiner Weisheit – sie schmeckt nach höherer Erleuchtung, warum bin ich kein gut verdienender, gefühlloser Krämer, sondern ein gottbegnadeter Bildhauer, der nichts zu beißen hat?«
»Verzage nicht, Georgy, Lieber – seine ganze Voreingenommenheit wird schwinden, sobald du fünfzigtausend Dollar er…«
»Fünfzigtausend Teufel! Kind, ich bin mit der Miete im Rückstand!«

2. Kapitel

Ort der Handlung: Eine Wohnung in Rom

»Mein lieber Herr, es ist zwecklos, weiterzureden. Ich habe nichts gegen Sie, aber ich kann nicht zulassen, daß meine Tochter einen Mischmasch aus Liebe, Kunst und Hunger heiratet – ich glaube, Sie haben nichts anderes zu bieten.«
»Sir, ich bin arm, gebe ich zu. Aber ist denn Ruhm nichts? Hochwürden Bellamy Foodle aus Arkansas sagt, daß meine neue Statue der Amerika ein gefälliges Stück Skulptur sei, und er ist überzeugt, daß mein Name noch einmal berühmt wird.«
»Quatsch! Was weiß der Esel aus Arkansas schon davon! Ruhm ist nichts – den Marktpreis Ihrer marmornen Vogelscheuche muß man sich betrachten. Sechs Monate haben Sie gebraucht, um sie auszumeißeln, und Sie werden sie nicht für hundert Dollar los. Nein, Sir. Zeigen Sie mir fünfzigtausend Dollar, und Sie bekommen meine Tochter – anderenfalls heiratet sie den jungen Simper. Sie haben genau sechs Monate Zeit, das Geld aufzubringen. Guten Morgen, Sir.«
»Ach! Weh mir!«

3. Kapitel

Ort der Handlung: Das Atelier

»O John, Freund meiner Kindheit, ich bin der unglücklichste Mensch der Welt.«
»Du bist ein Einfaltspinsel.«
»Nichts ist mir geblieben, was ich noch lieben könnte, als meine arme Statue Amerika, und schau, nicht einmal sie zeigt Mitleid mit mir in ihrem kalten Marmorgesicht – so schön und so herzlos!«

»Du bist ein Trottel!«

»Aber John!«

»Aber Kohl! Sagtest du nicht, du hast sechs Monate Zeit, das Geld aufzutreiben?«

»Verhöhne mich nicht in meiner Seelenpein, John. Und wenn ich sechs Jahrhunderte Zeit hätte, was nützte das? Was könnte diese Frist einem armen Teufel ohne Namen, Kapital oder Freunde helfen?«

»Gimpel! Feigling! Kindskopf! Sechs Monate Zeit, das Geld aufzutreiben, und fünf genügen dazu!«

»Bist du verrückt?«

»Sechs Monate – massig Zeit. Überlaß das mir. Ich kriege das Geld zusammen.«

»Was willst du denn damit sagen, John? Wie in aller Welt willst du denn so eine ungeheure Summe für mich auftreiben?«

»Willst du das bitte mir überlassen und dich nicht reinhängen? Willst du mir freie Hand lassen? Willst du schwören, dich allem zu fügen, was ich auch mache? Willst du mir versprechen, an dem, was ich tue, nichts auszusetzen?«

»Mir schwindelt – ich bin durcheinander – aber ich schwöre es dir.« John nahm einen Hammer und schlug Amerika vorsätzlich die Nase ab.

Noch einmal holte er aus, und zwei ihrer Finger fielen herunter; noch ein Schlag, und ein Teil eines Ohres flog ab; einen weiteren, und eine Reihe von Zehen waren los und verstümmelt; wieder einen, und das linke Bein vom Knie abwärts lag in Trümmern!

John setzte sich den Hut auf und ging.

Eine halbe Minute lang starrte George sprachlos das angeschlagene, groteske Schreckgespenst vor sich an, dann sank er zu Boden und verfiel in Krämpfe.

Bald darauf kehrte John mit einem Wagen zurück, lud den Künstler mit dem gebrochenen Herzen und die Statue mit den gebrochenen Beinen auf und fuhr los, leise und gelassen vor sich hin pfeifend. Den Künstler setzte er an seiner Wohnung ab, fuhr weiter und verschwand mit der Statue auf der Via Quirinalis.

4. Kapitel

Ort der Handlung: Das Atelier

»Die sechs Monate sind heute um zwei Uhr um! O diese Pein! Ich bin erledigt. Ich wünschte, ich wäre tot. Gestern hatte ich kein Abendbrot. Heute hatte ich kein Frühstück. Ich wage nicht, ein Speisehaus zu betreten. Und ob ich Hunger habe? – Reden wir nicht davon! Mein Schuhmacher quält mich zu Tode, mein Schneider quält mich, der Wirt verfolgt mich. Ich bin unglücklich. John habe ich seit dem schrecklichen Tage nicht mehr gesehen. *Sie* lächelt mir zärtlich zu, wenn wir uns auf einer der großen Hauptstraßen begegnen, aber der alte Grobian von Vater heißt sie sofort, nach der anderen Seite zu blicken. Nanu, wer klopft da an die Tür? Wer kommt, mich hier zu drangsalieren? Der niederträchtige Schurke von Schuhmacher, wette ich. Herein!«
»Ah, Glück möge Eure Hoheit geleiten, der Himmel segne Euer Gnaden!
Ich bringe meinem Herrn die neuen Stiefel – ach, reden Sie nicht von Bezahlung, damit hat es keine Eile, absolut keine Eile! Werde stolz darauf sein, wenn mich der gnädige Herr weiterhin mit seiner Kundschaft beehrt – ah, adieu!«

»Bringt die Stiefel selbst! Verlangt keine Bezahlung! Verabschiedet sich mit einer Verbeugung und einem Kratzfuß, mit denen man einer Majestät seine Ehrerbietung erweisen könnte! Wünscht weiterhin meine Kundschaft! Ist die Welt aus allen Fugen? Bei allem ... herein!«

»Verzeihung, Signor, aber ich bringe Ihren neuen Anzug für ...«

»Herein!«

»Tausendmal um Vergebung, daß ich störe, Euer Gnaden! Aber ich habe die schönen Zimmer unten für Sie hergerichtet – dieses erbärmliche Loch hier paßt schlecht für einen ...«

»Herein!«

»Ich komme, Ihnen zu sagen, daß Ihr Kredit bei unserer Bank, der vor einiger Zeit leider aufgehoben war, voll und ganz wiederhergestellt ist, und wir werden uns überaus glücklich schätzen, wenn Sie sich an uns wenden wollten in jeder ...«

»HEREIN!«

»Mein edler Junge, sie ist dein! Sie wird jeden Augenblick hier sein! Nimm sie – heirate sie – liebe sie – sei glücklich! Gott segne euch beide! Hipphipphur...«

»HEREIN!«

»O George, mein einzig Geliebter, wir sind gerettet!«

»O Mary, meine einzig Geliebte, wir *sind* gerettet – aber ich schwöre, ich weiß nicht, warum oder wieso!«

5. Kapitel

Ort der Handlung: Ein römisches Kaffeehaus

In einer Runde von Amerikanern liest und übersetzt einer aus der Wochenschrift »Il Slang donner di Roma«:

»*Wunderbare Entdeckung!* – Vor ungefähr sechs Monaten kaufte Signor John Smitthe, ein Amerikaner, der schon einige Jahre in Rom wohnt, für einen Pappenstiel ein kleines Grundstück in der Campagna, gleich hinter der Grabstätte der Familie Scipio, von dem Eigentümer, einem bankrotten Verwandten der Fürstin Borghese. Danach ging Mr. Smitthe zum Minister des Staatsarchivs und ließ das Grundstück auf einen armen amerikanischen Künstler namens George Arnold übertragen, indem er erklärte, daß er dies als Bezahlung und Vergütung eines finanziellen Schadens tue, den er vor längerer Zeit unbeabsichtigt einem Signor Arnold gehörenden Besitz zugefügt habe, und ferner bemerkte er, daß er als weitere Entschädigung auf eigene Veranlassung und Kosten den Boden für Signor A. meliorieren wolle.
Als Signor Smitthe vor vier Wochen einige notwendige Ausschachtungen auf dem Grundstück vornahm, grub er die ungewöhnlichste antike Statue aus, die je die reichen Kunstschätze Roms vermehrte. Es ist eine herrliche Frauengestalt, und obgleich sie der Schmutz und Moder der Jahrhunderte traurig befleckte, vermag ihre hinreißende Schönheit niemand ungerührt zu betrachten. Die Nase, das linke Bein vom Knie abwärts, ein Ohr und auch die Zehen des rechten Fußes und zwei Finger einer Hand fehlten, doch im übrigen befand sich die edle Gestalt in einem bemerkenswert guten Erhaltungszustand.
Die Regierung nahm die Statue sofort militärisch ein und ernannte eine Kommission von Kunstkritikern, Altertumsforschern und den hervorragendsten Kirchenfürsten, die den

Wert des Kunstwerkes schätzen und die Vergütung festsetzen sollten, die der Eigentümer des Grundes erhalten muß, auf dem es gefunden wurde. Bis gestern abend wurde die ganze Angelegenheit strikt geheimgehalten. Unterdessen saß die Kommission hinter verschlossenen Türen und beriet. Gestern abend entschied sie einstimmig, daß es sich um eine Venus handelt, das Werk eines unbekannten, aber hochbegabten Künstlers aus dem dritten Jahrhundert vor Christi Geburt. Sie hält es für das vollkommenste Kunstwerk, das die Welt kennt.

Gegen Mitternacht hielt die Kommission eine letzte Sitzung ab und entschied, daß die Venus die enorme Summe von *zehn Millionen Franken* wert sei! Da gemäß römischem Recht und römischem Brauch die Regierung zur Hälfte Miteigentümer aller in der Campagna gefundenen Kunstwerke ist, hat der Staat nichts weiter zu tun, als Mr. Arnold fünf Millionen Franken zu zahlen und die schöne Statue für immer in Besitz zu nehmen. Heute früh wird die Venus auf das Kapitol gebracht, um dort zu verbleiben, und zu Mittag wird die Kommission mit einer auf die stattliche Summe von fünf Millionen Goldfranken lautenden Zahlungsanweisung an das Schatzamt Signor Arnold ihre Aufwartung machen!«

Ein Chor von Stimmen: »So ein Glück! Glück ist gar kein Ausdruck!«

Eine andere Stimme: »Meine Herren, ich schlage vor, daß wir sofort eine amerikanische Aktiengesellschaft zum Erwerb von Land und zur Ausgrabung von Statuen hier gründen, mit geeigneten Verbindungen zur Wall Street, die den Kurs hochhalten und stützen muß.«

Alle: »Einverstanden.«

6. Kapitel

Ort der Handlung: Das Kapitol in Rom zehn Jahre später

»Liebste Mary, das ist die berühmteste Statue der Welt. Es ist die bekannte kapitolinische Venus, von der du schon so viel gehört hast. Hier steht sie, die kleinen Mängel von den namhaftesten Künstlern Roms ›restauriert‹ (das heißt ausgebessert); und dic bloßc Tatsache, daß sie das bescheidene Ausbessern einer so edlen Schöpfung besorgten, wird ihren Namen Glanz verleihen, solange die Welt sich dreht. Wie seltsam es ist – dieser Ort! Einen Tag, bevor ich das letztemal hier stand, vor zehn glücklichen Jahren, war ich kein reicher Mann – du meine Güte, ich besaß keinen Heller. Und doch hatte ich allerlei damit zu schaffen, Rom zur Besitzerin des herrlichsten antiken Kunstwerks zu machen, das es auf der Welt gibt.«

»Der angebeteten, der erhabenen kapitolinischen Venus – und auf welche Summe man sie schätzt! Zehn Millionen Franken!«

»Ja – *jetzt!*«

»Und, o George, wie göttlich schon sie ist!«

»Ach ja, aber nichts dagegen, wie sie aussah, bevor ihr der segenspendende John Smith das Bein abbrach und die Nase abschlug. Der erfinderische Smith – der begabte Smith – der edle Smith! Der Urheber all unseres Glücks! Hoch! Weißt du, was das Krächzen zu bedeuten hat? Mary, die Kleine hat den Keuchhusten. Wirst du denn *nie* lernen, besser auf die Kinder aufzupassen?«

Schluß

Die kapitolinische Venus befindet sich noch immer auf dem Kapitol in Rom und ist noch immer das reizvollste und erhabenste antike Kunstwerk, dessen sich die Welt rühmen kann. Aber wer jemals das Glück haben sollte, vor ihr zu stehen und in die übliche Verzückung zu geraten, der soll sich seine Seligkeit nicht von der wahren und geheimen Geschichte ihrer Entstehung trüben lassen; und wer von einem riesenhaften versteinerten Menschen liest, ausgegraben bei Syracuse im Staate New York oder bei irgendeinem anderen Ort, der soll seine Weisheit für sich behalten – und wem das Großmaul, das ihn dort vergrub, ihn zu einem enormen Preis anbietet, der soll ihn ja nicht kaufen. Der schicke ihn zum Papst![1]

1 Die obige Skizze wurde zu der Zeit geschrieben, als der Schwindel vom »Versteinerten Riesen« in den Vereinigten Staaten die Sensation des Tages war.

DER GESTOHLENE WEISSE ELEFANT[2]

Die folgende seltsame Geschichte wurde mir von einer zufälligen Reisebekanntschaft erzählt. Es war ein Herr von über siebzig, und sein äußerst gütiges, edles Gesicht und sein ernstes, aufrichtiges Wesen drückten jedem Wort, das über seine Lippen kam, den unverkennbaren Stempel der Wahrheit auf. Er sagte:

Sie wissen, welche Verehrung dem königlichen weißen Elefanten Siams von der Bevölkerung des Landes entgegengebracht wird. Sie wissen, er ist den Königen geweiht, nur Könige dürfen ihn besitzen, ja, in gewissem Grade ist er tatsächlich mehr als ein König, da er nicht nur verehrt, sondern auch angebetet wird.

Nun gut, als sich vor fünf Jahren Grenzstreitigkeiten zwischen dem britischen Empire und Siam erhoben, zeigte es sich bald, daß Siam im Unrecht war. Deshalb wurde rasch jede nur angemessene Genugtuung geleistet, und der britische Vertreter erklärte darauf, er sei zufrieden und der Vorfall solle vergessen sein. Das bedeutete für den König von Siam eine große Erleichterung. Teils als Zeichen der Dankbarkeit, aber teils wohl auch, um die letzte Spur von Mißstimmung zu beseitigen, die England ihm gegenüber noch fühlen mochte, wünschte er, der Königin ein Geschenk zu senden – nach orientalischen Begriffen der einzig sichere Weg, einen Feind zu versöhnen. Das Geschenk sollte nicht nur königlich sein, sondern über

2 Aus »Bummel durch Europa« weggelassen, weil befürchtet wurde, daß einige Einzelheiten übertrieben und andere nicht wahr seien. Bevor sich dieser Verdacht als grundlos erwies, war das Buch bereits im Druck.

alle Maßen königlich. Was hätte sich deshalb besser dazu geeignet als ein weißer Elefant?

Im indischen Verwaltungsdienst nahm ich eine solche Stellung ein, daß ich für besonders würdig befunden wurde, das Geschenk Ihrer Majestät zu überbringen. Für mich und meine Dienerschaft, für die Offiziere und Wärter des Elefanten wurde ein Schiff ausgerüstet. Zur vorgesehenen Zeit erreichte ich den Hafen von New York und brachte meine königliche Fracht in einem ausgezeichneten Quartier in Jersey City unter. Bevor wir die Reise fortsetzten, mußten wir notgedrungen eine Weile rasten, damit sich das Tier erholen konnte.

Vierzehn Tage lang ging alles gut – dann begann mein Elend. Der weiße Elefant wurde gestohlen! Mitten in der Nacht wurde ich geweckt und von dem furchtbaren Unglück unterrichtet. Einige Augenblicke war ich vor Schreck und Angst außer mir; ich wußte nicht, was ich tun sollte. Dann beruhigte ich mich etwas und nahm meine Sinne zusammen. Bald sah ich meinen Weg vor mir – denn tatsächlich konnte es für einen vernünftigen Menschen nur diesen Weg geben.

So spät es auch war, eilte ich nach New York und ließ mich von einem Polizisten zum Hauptquartier der Geheimpolizei bringen. Glücklicherweise langte ich noch rechtzeitig an, obwohl sich der Chef der Geheimpolizei, der berühmte Inspektor Blunt, bereits anschickte, nach Hause zu gehen. Es war ein Mann von mittlerer Größe und gedrungenem Körperbau, und wenn er scharf nachdachte, hatte er eine Art, die Augenbrauen zusammenzuziehen und sich gedankenvoll mit dem Finger an die Stirn zu klopfen, daß man sofort überzeugt war, man habe es mit einer ungewöhnlichen Persönlichkeit zu tun. Allein schon sein Aussehen flößte mir

Vertrauen und Hoffnung ein. Ich trug ihm meinen Fall vor. Er erschütterte ihn nicht im geringsten, ja, es beeindruckte seine eiserne Selbstbeherrschung sichtlich nicht mehr, als hätte ich ihm erzählt, daß mir jemand meinen Hund gestohlen habe.

Er bat mich, Platz zu nehmen, und sagte ruhig: »Bitte, lassen Sie mich einen Augenblick nachdenken.« Mit diesen Worten setzte er sich an seinen Schreibtisch und stützte den Kopf in die Hand. Am anderen Ende des Zimmers arbeiteten mehrere Schreiber; das Kratzen ihrer Federn war das einzige Geräusch, das ich während der nächsten sechs oder sieben Minuten vernahm. Währenddessen blieb der Inspektor in tiefe Gedanken versunken. Endlich hob er den Kopf, und nun lag in den festen Zügen seines Gesichts ein Ausdruck, der mir verriet, daß sein Gehirn seine Schuldigkeit getan hatte und sein Plan fertig war. Er sagte – und er sprach leise und eindringlich: »Das ist kein gewöhnlicher Fall; jeder Schritt muß wohlüberlegt sein; jeder Schritt muß gesichert werden, bevor man den nächsten wagt. Und die Angelegenheit muß geheim bleiben – strikt und absolut geheim. Sprechen Sie mit niemandem darüber, nicht einmal mit den Reportern. Die übernehme ich, und ich werde schon dafür sorgen, daß sie nur so viel erfahren, wie ich für zweckmäßig halte.«

Er drückte auf einen Klingelknopf; ein Jüngling erschien. »Alaric, sag den Reportern, sie möchten vorläufig noch bleiben.« Der Jüngling verschwand. »Und nun zur Sache – und zwar systematisch. In meinem Beruf kann man ohne eine strenge, bis ins einzelne gehende Methode nichts erreichen.«

Er nahm Feder und Papier. »Nun – Name des Elefanten?«

»Hassan Ben Ali Ben Selim Abdallah Mohammed Moisé Alhammal Jamsetjejeebhoy Dhuleep Sultan Ebu Bhudpoor.«

»Sehr schön. Vorname?«
»Jumbo.«
»Sehr schön. Geburtsort?«
»Die Hauptstadt von Siam.«
»Eltern leben noch?«
»Nein – tot.«
»Hatten sie noch andere Nachkommenschaft?«
»Nein. Er war das einzige Kind.«
»Sehr schön. Diese Angaben genügen zu dem Punkt. Nun beschreiben Sie bitte den Elefanten, und lassen Sie keine Einzelheit aus, und sei sie auch noch so unbedeutend – das heißt, in Ihren Augen unbedeutend. Für Leute meines Berufs gibt es keine unbedeutenden Einzelheiten: Sie existieren nicht.«
Ich beschrieb, er notierte.
Als ich fertig war, sagte er: »Hören Sie zu, und berichtigen Sie mich, wenn etwas nicht stimmt.«
Er las wie folgt: »Höhe 19 Fuß; Länge von der vordersten Stelle der Stirn bis zum Schwanzansatz 26 Fuß; Länge des Rüssels 16 Fuß; Länge des Schwanzes 6 Fuß; Gesamtlänge einschließlich Rüssel und Schwanz 48 Fuß; Länge der Stoßzähne 9 ½ Fuß; Ohren in entsprechender Größe; Fußspur gleicht dem Abdruck eines aufrecht stehenden Fasses im Schnee; Farbe des Elefanten ein schmutziges Weiß; hat in jedem Ohr ein tellergroßes Loch zum Einhängen des Schmucks und besitzt die ausgeprägte Gewohnheit, Betrachter mit Wasser zu bespritzen und nicht nur Leute, die er kennt, mit dem Rüssel zu mißhandeln, sondern auch Fremde; hinkt leicht auf dem rechten Hinterbein und hat in der linken Achselhöhle eine kleine Narbe von einem Furunkel; trug, als er gestohlen wurde, einen Turm mit Sitzen für fünfzehn Personen und

eine goldgewirkte Satteldecke von der Größe eines gewöhnlichen Teppichs.«
Alles stimmte. Der Inspektor drückte auf die Klingel, übergab Alaric das Signalement und sagte: »Laß hiervon sofort fünfzigtausend Exemplare drucken und sie an alle Ämter der Geheimpolizei und Pfandleihen Nordamerikas schicken.«
Alaric verschwand.
»Na – so weit, so gut. Als nächstes brauche ich eine Photographie des gestohlenen Guts.«
Ich gab ihm eine.
Er untersuchte sie eingehend und sagte: »Die muß genügen, denn wir haben keine bessere. Aber hier hat er den Rüssel eingerollt und in das Maul gesteckt. Das ist ungünstig und kann irreführen, denn natürlich hält er ihn gewöhnlich nicht so.«
Er drückte auf die Klingel. »Alaric, laß morgen früh als erstes von dieser Photographie fünfzigtausend Abzüge machen und versende sie zusammen mit dem Steckbrief.« Alaric verschwand, um die Befehle auszuführen.
Der Inspektor sagte: »Es macht sich natürlich notwendig, eine Belohnung auszusetzen. Wie hoch, meinen Sie?«
»Was schlagen Sie vor?«
»*Vorerst,* würde ich sagen – na, fünfundzwanzigtausend Dollar. Es ist eine verzwackte und schwierige Sache; es gibt tausend mögliche Schlupfwege und Verstecke. Überall haben diese Diebe Freunde und Helfershelfer …«
»Du meine Güte, wissen Sie denn, wer es war?«
Das beherrschte Gesicht, das geübt war im Verbergen von Gedanken und Gefühlen, verriet mir nichts, ebensowenig die so ruhig vorgebrachte Erwiderung: »Machen Sie sich darum keine Sorgen. Vielleicht weiß ich's, vielleicht nicht. Einen ziemlich deutlichen Hinweis darauf, wer unser Mann ist, liefert uns

im allgemeinen die Art und Weise, wie er vorgeht, und das Ausmaß der Beute, die er machen will. Wir haben es hier nicht mit einem Hotel- oder Taschendieb zu tun, darauf können Sie Gift nehmen. Dieses Objekt würde nicht von einem Anfänger ›gestemmt‹. Aber wie ich schon sagte, in Anbetracht der langen Reisen, die nötig sein werden, und der Sorgfalt, mit der die Diebe die Spuren auf ihrem Wege verwischen werden, können fünfundzwanzigtausend vielleicht als Angebot zuwenig sein, aber ich denke, es lohnt sich schon, damit anzufangen.«

So beschlossen wir, mit dieser Summe zu beginnen.

Dann sagte dieser Mann, dem nichts entging, das in irgendeiner Weise einen Fingerzeig bieten konnte: »Es gibt Fälle in der Kriminalgeschichte, die zeigen, daß Verbrechen durch Besonderheiten des Geschmacks enthüllt worden sind. Also, was frißt dieser Elefant und wieviel?«

»Nun, *was* er frißt – er frißt alles. Er frißt einen Menschen, er frißt eine Bibel – er frißt alles von einem Menschen *bis* zur Bibel.«

»Schön, sehr schön, wirklich, aber zu allgemein. Einzelheiten brauchen wir – Einzelheiten sind das einzig Wertvolle in unserem Beruf. Nun also zu den Menschen: Zu einer Mahlzeit, oder wenn Sie wollen, an einem Tage – wie viele Menschen frißt er, frische?«

»Es wäre ihm egal, ob sie frisch sind oder nicht. Zu einer Mahlzeit frißt er fünf gewöhnliche Menschen.«

»Sehr gut; fünf Menschen, das wollen wir festhalten. Welche Nationalitäten bevorzugt er?«

»Hinsichtlich der Nationalität ist er nicht wählerisch. Er bevorzugt Bekannte, doch verschmäht er auch Fremde nicht.«

»Sehr schön. Nun zu den Bibeln. Wie viele Bibeln frißt er zu einer Mahlzeit?«

»Eine ganze Auflage.«

»Das ist kaum genau genug. Meinen Sie die übliche Oktavbibel oder die illustrierte Familienausgabe?«

»Ich glaube, aus Illustrationen würde er sich nicht viel machen; das heißt, ich meine, er würde Illustrationen wohl nicht mehr als den einfachen Druck schätzen.«

»Nein, Sie verstehen mich nicht richtig. Ich rede von der Masse. Die übliche Oktavbibel wiegt ungefähr zweieinhalb Pfund, während die große Quartbibel mit den Illustrationen zehn oder zwölf Pfund wiegt. Wie viele Doré-Bibeln frißt er also zu einer Mahlzeit?«

»Wenn Sie den Elefanten kennen würden, fragten Sie nicht. Er nimmt, was da ist.«

»Gut, dann drücken Sie es mal in Dollar und Cent aus. Wir müssen es irgendwie ermitteln. Die Doré-Bibel kostet hundert Dollar pro Exemplar, Juchtenleder, Kanten geschnitten.«

»Er würde für ungefähr fünfzigtausend Dollar brauchen – sagen wir, eine ganze Auflage von fünfhundert Exemplaren.«

»Na, das ist schon genauer. Das will ich festhalten. Sehr schön, er frißt also gern Menschen und Bibeln; so weit, so gut. Was frißt er noch? Ich brauche Einzelheiten.«

»Er läßt die Bibeln liegen, wenn er Backsteine bekommt, er läßt die Backsteine liegen, wenn er Flaschen bekommt, er läßt die Flaschen liegen, wenn er Kleider bekommt, er läßt die Kleider liegen, wenn er Katzen bekommt, er läßt die Katzen liegen, wenn er Austern bekommt, er läßt die Austern liegen, wenn er Schinken bekommt, er läßt den Schinken liegen, wenn er Zucker bekommt, er läßt den Zucker liegen, wenn er Pasteten bekommt, er läßt die Pasteten liegen, wenn er Kartoffeln bekommt, er läßt die Kartoffeln liegen, wenn er Kleie bekommt, er läßt die Kleie liegen, wenn er Heu bekommt, er läßt das Heu liegen, wenn er Hafer bekommt, er läßt den Hafer liegen, wenn er Reis bekommt, denn er wurde vor allem mit Reis aufgezogen. Es gibt nichts, was er nicht frißt, außer europäischer Butter, und auch die würde er fressen, wenn er sie zu kosten bekäme.«

»Sehr schön. Durchschnittliche Menge pro Mahlzeit – sagen wir …?«

»Na, etwa eine viertel bis halbe Tonne.«

»Und er trinkt …?«

»Alles Flüssige. Milch, Wasser, Whisky, Sirup, Rizinusöl, Kampfergeist, Karbolsäure – es hat keinen Zweck, alles aufzuzählen; Sie können jede Flüssigkeit notieren, die Ihnen einfällt. Er trinkt schlechthin alles außer europäischem Kaffee.«

»Sehr schön. Und welche Mengen?«

»Notieren Sie: fünf bis fünfzehn Faß – sein Durst schwankt, der andere Appetit nicht.«

»Das ist alles sehr ungewöhnlich. Das dürften ganz gute Anhaltspunkte sein, um ihn aufzuspüren.«

Er drückte auf die Klingel. »Alaric, rufe Hauptmann Burns zu mir.« Burns erschien. Inspektor Blunt unterbreitete ihm den ganzen Fall, Punkt für Punkt. Dann sagte er in dem klaren, entschiedenen Ton eines Mannes, der seinen Plan fertig im Kopf hat und gewöhnt ist zu befehlen: »Hauptmann Burns, kommandieren Sie die Detektive Jones, Davis, Halsey, Bates und Hackett ab, den Elefanten unbemerkt zu verfolgen.«

»Jawohl, Sir.«

»Kommandieren Sie die Detektive Moses, Dakin, Murphy, Rogers, Tupper, Higgins und Bartholomew ab, die Diebe unbemerkt zu verfolgen.«

»Jawohl, Sir.«

»Stellen Sie eine starke Wache – eine Wache von dreißig auserlesenen Leuten und dreißig Mann Ablösung – an der Stelle auf, wo der Elefant gestohlen wurde, die dort Tag und Nacht alles streng bewacht und niemanden außer Reportern zutreten läßt, der keine schriftliche Erlaubnis von mir vorweist.«

»Jawohl, Sir.«

»Verteilen Sie Detektive in Zivil auf Bahnhöfen, Dampfern und Fähren sowie auf allen Ausfahrtstraßen von Jersey City, und geben Sie Befehl, alle verdächtigen Personen zu durchsuchen.«

»Jawohl, Sir.«

»Versehen Sie alle diese Leute mit der Photographie und dem Signalement des Elefanten, und weisen Sie sie an, alle Züge und auslaufenden Fähren und sonstigen Schiffe zu durchsuchen.«

»Jawohl, Sir.«

»Wenn der Elefant gefunden werden sollte, so ist er festzunehmen und mir davon telegraphisch Meldung zu erstatten.«

»Jawohl, Sir.«

»Lassen Sie mir sofort Bescheid zukommen, wenn man irgendwelche Anhaltspunkte finden sollte – Fußspuren des Tieres oder dergleichen.«

»Jawohl, Sir.«

»Erteilen Sie der Hafenpolizei Befehl, fleißig am Ufer zu patrouillieren.«

»Jawohl, Sir.«

»Entsenden Sie Detektive in Zivil auf alle Eisenbahnlinien, nach Norden bis Kanada, nach Westen bis Ohio, nach Süden bis Washington.«

»Jawohl, Sir.«

»Beordern Sie Sachverständige auf alle Telegraphenämter, die alle Mitteilungen abhören und alle chiffrierten Depeschen entschlüsseln lassen sollen.«

»Jawohl, Sir.«

»Lassen Sie alles unter äußerster Geheimhaltung geschehen – hören Sie, unter strikter Geheimhaltung.«

»Jawohl, Sir.«

»Berichten Sie mir zur gewohnten Stunde.«

»Jawohl, Sir.«

»Marsch, los!«

»Jawohl, Sir.« Fort war er.

Inspektor Blunt blieb einen Augenblick still und nachdenklich, während das Feuer in seinen Augen langsam verglomm. Dann wandte er sich mir zu und sagte mit ruhiger Stimme: »Ich brüste mich nicht gern, das ist nicht meine Art, aber – wir werden den Elefanten finden.«

Ich schüttelte ihm herzlich die Hand und dankte ihm; und ich *war* auch wirklich dankbar. Je länger ich den Mann beobachtete, desto mehr schätzte und bewunderte ich ihn, und desto mehr staunte ich über die geheimnisvollen Wunder seines Berufs. Dann trennten wir uns für die Nacht, und ich ging nach Hause – das Herz viel leichter als auf meinem Wege zu seinem Büro.

2

Am nächsten Morgen stand alles haargenau in den Zeitungen. Es gab sogar Zusätze, die aus den »Theorien« des Detektivs Soundso, des Detektivs Sonstwie und des Detektivs Nochanders darüber bestanden, wie der Diebstahl ausgeführt wurde, wer die Diebe waren und wohin sie mit der Beute entflohen. Es gab elf solcher Theorien, und sie erschöpften alle Möglichkeiten; diese Tatsache allein beweist, wie unabhängig voneinander Geheimpolizisten denken. Keine zwei Theorien stimmten überein oder ähnelten sich auch nur grob, mit Ausnahme eines auffallenden Punktes, worin sich alle elf Theorien genau entsprachen. Und zwar hieß es, obgleich die Rückwand des Gebäudes durchbrochen und die einzige Tür verschlossen geblieben war, sei der Elefant nicht durch die Bresche, sondern durch eine andere, noch unentdeckte Öffnung entführt worden. Alle waren sich einig, daß die Diebe die Bresche nur deshalb geschlagen hätten, um die Detektive irrezuführen. Mir oder sonst einem Laien wäre das vielleicht nie eingefallen, doch die Detektive hatten sich nicht einen Augenblick täuschen lassen. So war der einzige Umstand, hinter dem ich kein Geheimnis vermutet hatte, tatsächlich derjenige, bei dem ich am weitesten danebengeschossen hatte. Die elf Theorien führten alle die mutmaßlichen Diebe an, aber nicht zwei nannten dieselben; die Gesamtsumme aller Verdächtigen betrug siebenunddreißig.

Die verschiedenen Zeitungsberichte schlossen alle mit der wichtigsten Ansicht – der des Chefinspektors Blunt. Ein Ausschnitt lautet wie folgt:

»Der Chef weiß, wer die beiden Haupttäter sind: Wacker Duffy und Rotkopf McFadden. Zehn Tage, bevor der Diebstahl begangen wurde, wußte er schon, daß man ihn unternehmen wollte, und hatte in aller Stille diese beiden berüchtigten Verbrecher beschatten lassen; doch unglücklicherweise verlor man in der fraglichen Nacht die Fährte, und noch ehe man sie wiederfand, war der Vogel ausgeflogen, das heißt der Elefant. Duffy und McFadden sind die verwegensten Spitzbuben der ganzen Zunft; der Chef hat Grund zu der Annahme, daß sie es waren, die letzten Winter in einer bitterkalten Nacht den Ofen aus dem Präsidium der Geheimpolizei stahlen, demzufolge sich der Chef und alle anwesenden Detektive noch vor Tagesanbruch in ärztlicher Behandlung befanden, die einen mit erfrorenen Füßen, andere mit erfrorenen Fingern, Ohren und anderen erfrorenen Körperteilen.«

Als ich die erste Hälfte gelesen hatte, staunte ich mehr als je über den wunderbaren Scharfsinn dieses seltenen Mannes. Er sah nicht nur alles Gegenwärtige mit klarem Blick, sondern auch das Zukünftige konnte ihm nicht verborgen bleiben. Ich war sofort in seinem Büro und sagte, ich bedauerte es sehr, daß er diese Männer nicht gleich festnehmen ließ und so den Ärger und Verlust verhütete. Aber seine Antwort war knapp und nicht anzufechten: »Es ist nicht unsere Aufgabe, Verbrechen zu verhüten, sondern zu bestrafen. Wir können aber erst bestrafen, nachdem es begangen wurde.«

Ich äußerte, daß die Geheimhaltung, mit der wir uns an die Arbeit gemacht hatten, von den Zeitungen durchbrochen worden sei; nicht nur alle Tatsachen, sondern alle unsere Pläne und Absichten seien enthüllt worden; sogar die Namen der Verdächtigen habe man angeführt; diese würden sich nun zweifellos maskieren oder irgendwo untertauchen.

»Sollen sie! Sie werden bald spüren, daß meine Hand, wenn ich soweit bin, auf sie niederfallen wird in ihren Schlupfwinkeln, so unfehlbar wie die Hand des Schicksals. Was nun die Zeitungen betrifft, so müssen wir mit ihnen auf gutem Fuße bleiben. Ruhm, Ruf, dauernde öffentliche Erwähnung sind das tägliche Brot des Detektivs. Er muß seine Tatsachen veröffentlichen, sonst nimmt man an, er habe keine; er muß seine Theorie veröffentlichen, denn nichts verwundert so und macht solchen Eindruck wie die Theorie eines Detektivs, und nichts erwirbt ihm eine so große, erstaunliche Hochachtung; wir müssen unsere Pläne veröffentlichen, denn die Zeitungen bestehen darauf, und wir können es ihnen nicht abschlagen, ohne sie zu beleidigen. Wir müssen die Öffentlichkeit ständig darüber auf dem laufenden halten, was wir tun, sonst glaubt sie, wir tun nichts. Es ist doch viel angenehmer, in einer Zeitung heißt es: ›Inspektor Blunts geniale und außergewöhnliche Theorie lautet …‹, als wenn sie etwas Unerfreuliches oder, schlimmer noch, etwas Sarkastisches schreibt.«

»Ich sehe, wie zwingend Sie argumentieren. Aber ich habe bemerkt, daß Sie in Ihren Äußerungen in der Morgenpresse Ihre Ansicht über einen bestimmten untergeordneten Punkt zurückhielten.«

»Ja, das machen wir immer; das wirkt ganz gut. Außerdem hatte ich mir über diesen Punkt ohnehin noch keine Meinung gebildet.«

Ich hinterlegte beim Inspektor eine beträchtliche Geldsumme zur Deckung aller laufenden Kosten und setzte mich hin, um auf Nachrichten zu warten. Wir rechneten damit, daß die ersten Telegramme jeden Augenblick einliefen: In der Zwischenzeit las ich mir noch einmal die Zeitungsartikel und auch den Steckbrief durch, und ich entdeckte, daß die fünfundzwanzigtausend Dollar Belohnung offenbar nur für Detektive ausgesetzt waren. Ich sagte, ich hätte gedacht, sie sollen jedem zugute kommen, der den Elefanten einfing.

Der Inspektor erwiderte: »Die Detektive sind's, die den Elefanten finden werden, daher wird die Belohnung in die rechten Hände gelangen. Wenn andere Leute das Tier ausfindig machten, dann nur dadurch, daß sie den Detektiven nachspionierten und die Anhaltspunkte und Hinweise aus-

werteten, die sie ihnen stahlen, und das würde schließlich wiederum den Anspruch der Detektive auf die Belohnung bestätigen. Eine Belohnung ist doch dazu da, die Männer anzuspornen, die ihre gesamte Zeit und ihren hochentwickelten Scharfsinn dieser Art von Arbeit widmen, und nicht, um dem ersten besten als Geschenk in den Schoß zu fallen, der zufällig einen Fang macht, ohne sich das Geschenk durch eigene Tüchtigkeit und Mühe verdient zu haben.«
Das war gewiß äußerst vernünftig. Nun begann der Telegraph in der Ecke zu klicken, und die folgende Depesche kam heraus:

Flower Station, New York, 7.30 Uhr
Anhaltspunkt gefunden. Entdeckte eine Reihe tiefer Spuren über eine Farm in der Nähe. Folgte ihnen zwei Meilen nach Osten ohne Ergebnis; glaube, Elefant ging nach Westen. Werde ihn nun in der Richtung verfolgen.

Darley, Detektiv

»Darley ist einer unserer besten Leute«, sagte der Inspektor. »Wir werden bald mehr von ihm hören.«
Telegramm Nummer zwei traf ein:

Barkers, New Jersey, 7.40 Uhr
Soeben angelangt. Glashütte hier über Nacht erbrochen, 800 Flaschen entwendet. Nächster großer Wasservorrat fünf Meilen von hier entfernt. Begebe mich dorthin. Elefant vermutlich Durst. Flaschen waren leer.

Baker, Detektiv

»Auch das sieht gut aus«, meinte der Inspektor. »Ich habe Ihnen ja gesagt, der Appetit des Tieres ist kein schlechter Fingerzeig.«
Telegramm Nummer drei:

Taylorville, Long Island, 8.15 Uhr
Ein Heuschober hier in der Umgebung nachts verschwunden. Wahrscheinlich gefressen. Habe eine Fährte und jage los.

Hubbard, Detektiv

»Wo der Elefant überall herumkriecht!« sagte der Inspektor. »Ich habe ja gewußt, daß wir da ein schwieriges Stück Arbeit vor uns haben, aber wir kriegen ihn schon.«

Flower Station, New York, 9 Uhr
Verfolgte die Spur drei Meilen nach Westen. Groß, tief und ausgezackt. Traf gerade einen Farmer, der sagt, es seien keine Elefantenspuren. Sagt, es seien Löcher von Schößlingen, die er als Schattenspender letzten Winter ausgrub, als der Boden gefroren war. Erwarte Ihre weiteren Befehle.

Darley, Detektiv

»Aha! Ein Spießgeselle der Diebe! Jetzt kommen wir der Sache schon näher«, sagte der Inspektor. Er diktierte das folgende Telegramm an Darley:

Verhaften Sie den Mann und zwingen Sie ihn, seine Komplicen zu nennen. Folgen Sie der Spur weiter – wenn nötig bis zum Pazifik.

Inspektor Blunt

Das nächste Telegramm:

Coney Point, Pennsylvania, 8.45 Uhr
Büro des Gaswerks hier nachts erbrochen und unbezahlte Gasrechnungen von drei Monaten entwendet. Habe eine Spur und brause los.

Murphy, Detektiv

»Dunnerlittchen!« sagte der Inspektor, »frißt er auch Gasrechnungen?«

»Aus Dummheit, ja; aber davon kann er sich nicht ernähren. Jedenfalls nicht allein davon.«
Nun traf dieses aufregende Telegramm ein:

Ironville, New York, 9.30 Uhr
Soeben angelangt. Bestürzung in der Stadt. Elefant kam hier um fünf Uhr morgens durch. Einige sagen, er wandte sich nach Osten, andere sagen nach Westen, andere nach Norden, andere nach Süden – aber alle sagen, sie nahmen sich nicht die Zeit, genau aufzupassen. Er tötete ein Pferd; habe ein Stück davon als Beweismittel sichergestellt. Tötete es mit dem Rüssel; schließe aus Art des Schlages, daß es linker Gerader war. Schließe aus der Lage des Pferdes, daß Elefant sich nach Norden wandte entlang der Berkley-Bahn. Hat viereinhalb Stunden Vorsprung, begebe mich aber sofort auf seine Fährte.

Hawes, Detektiv

Ich stieß Jubelrufe aus. Der Inspektor blieb so gefaßt wie eine Statue. Gelassen drückte er auf die Klingel. »Alaric, sende Hauptmann Burns zu mir.«

Burns erschien.
»Wieviel Mann sind zum sofortigen Einsatz bereit?«
»Sechsundneunzig, Sir.«
»Schicken Sie sie augenblicklich nach Norden. Sie sollen sich nördlich von Ironville an der Eisenbahnlinie nach Berkley konzentrieren.«
»Jawohl, Sir.«
»Sie sollen ihre Bewegungen mit größter Heimlichkeit durchführen. Sobald andere frei sind, halten Sie sie zur Verfügung.«
»Jawohl, Sir.«
»Marsch, los!«
»Jawohl, Sir.«
Gleich darauf traf ein weiteres Telegramm ein:

Sage Corners, New York, 10.30 Uhr

Soeben angelangt. Elefant kam hier um 8.15 Uhr durch. Alle entkamen aus der Stadt bis auf einen Polizisten. Offenbar schlug Elefant nicht nach dem Polizisten, sondern nach dem Laternenpfahl. Traf beide. Stellte ein Stück vom Polizisten als Beweismittel sicher.

Stumm, Detektiv

»Dann hat sich der Elefant also nach Westen gewandt«, sagte der Inspektor. »Trotzdem geht er uns nicht durch die Lappen, denn meine Leute sind über das gesamte Gebiet verteilt.«
Das nächste Telegramm lautete:

Glovers, 11.15 Uhr

Soeben angelangt, Stadt verlassen, mit Ausnahme der Kranken und Greise. Elefant kam hier vor dreiviertel Stunde durch. Mäßigkeitsverein hielt gerade Massenversammlung ab; er steckte Rüssel zum Fenster hinein und spülte sie mit Wasser aus der Zisterne aus. Einige schluckten es – seitdem tot; mehrere ertrunken. Detektive Gross und O'Shaughnessy passierten die Stadt, aber Richtung Süden, verfehlten deshalb Elefanten. Ganzes Land viele Meilen im Umkreis in Schrecken, Leute fliehen aus den Häusern. Wohin sie auch laufen, stoßen sie auf den Elefanten, und viele werden getötet.

Brant, Detektiv

Ich hätte weinen können, so nahe ging mir das Gemetzel. Aber der Inspektor sagte nur: »Sie sehen – wir sind ihm dicht auf den Fersen. Er spürt, daß wir näher kommen; nun hat er sich wieder nach Osten gewandt.«

Aber uns erwarteten noch weitere beängstigende Nachrichten. Der Telegraph meldete:

Hogansport, 12.19 Uhr

Soeben angelangt, Elefant kam vor einer halben Stunde hier durch, verursachte wildeste Angst und Aufregung. Elefant wütete auf den Straßen; zwei Klempner begegneten ihm, einer getötet – der andere entwischt. Allgemeines Bedauern.

O'Flaherty, Detektiv

»Jetzt befindet er sich mitten unter meinen Leuten«, sagte der Inspektor. »Nun entgeht er uns nicht mehr.«

Eine Reihe weiterer Telegramme lief ein, von Detektiven, die über New Jersey und Pennsylvania verstreut waren und Spuren verfolgten, die aus geplünderten Scheunen, Fabriken und Sonntagsschulbibliotheken bestanden; sie erweckten große Hoffnung – eine Hoffnung, die wirklich schon Gewißheit gleichkam.

Der Inspektor sagte: »Ich wünschte, ich hätte Verbindung mit ihnen und könnte sie nach Norden beordern, aber das geht eben nicht. Ein Detektiv betritt das Telegraphenamt nur, um seinen Bericht aufzugeben; dann ist er schon wieder fort, und man weiß nicht, wo man ihn erreichen kann.«
Nun traf folgende Depesche ein:

Bridgeport, Connecticut, 12.15 Uhr

Barnum bietet 4000 Dollar jährlich für ausschließliches Recht, den Elefanten als wandelnde Reklame zu benutzen, bis ihn Detektive finden. Will ihn mit Zirkusplakaten bekleben. Erbittet umgehende Antwort.

Boggs, Detektiv

»Das ist ja vollkommen lächerlich!« rief ich aus.
»Natürlich«, sagte der Inspektor. »Mr. Barnum, der sich für gerissen hält, kennt mich wohl noch nicht – aber ich kenne ihn.«
Dann diktierte er folgende Antwort auf die Depesche:

Mr. Barnums Angebot abgelehnt. Entweder 7000 Dollar oder Schluß damit.

Inspektor Blunt

»So. Auf Antwort werden wir nicht lange zu warten brauchen. Mr. Barnum ist nicht zu Hause; er sitzt auf dem Telegraphenamt – so macht er es, wenn er ein Geschäft an der Hand hat. Innerhalb von drei …«

Abgemacht. – P. T. Barnum

unterbrach ihn der klickende Telegraph. Ehe ich noch etwas

zu dem außergewöhnlichen Vorfall bemerken konnte, lenkte die folgende Depesche meine Gedanken in ein anderes, sehr betrübliches Fahrwasser:

Bolivia, New York, 12.50 Uhr

Elefant kam von Süden und zog hier um 11.50 Uhr durch Richtung Wald, zersprengte auf einem Wege einen Leichenzug und verminderte die Trauernden um zwei. Bürger bepflasterten ihn mit kleinen Kanonenkugeln und flohen dann. Detektiv Burke und ich trafen zehn Minuten später von Norden ein, hielten jedoch einige Ausgrabungen für Fußabdrücke, wodurch wir ziemlich viel Zeit verloren; stießen aber endlich auf richtige Fährte und folgten ihr bis zum Wald. Wir krochen nun auf allen vieren weiter, behielten die Spur aufmerksam im Auge und verfolgten sie bis ins Unterholz. Burke war vor mir. Unglücklicherweise hatte das Tier haltgemacht, um sich auszuruhen; deshalb stieß Burke, den Kopf senkrecht und eifrig auf die Spur achtend, plötzlich gegen die Hinterbeine des Elefanten, bevor er diesen bemerkte. Burke sprang sofort hoch, ergriff den Schwanz und rief freudig: »Ich erhebe Anspruch auf die Be...«, kam aber nicht weiter, denn ein einziger Schlag mit dem gewaltigen Rüssel schleuderte die einzelnen Bruchstücke des tapferen Burschen tot zu Boden. Ich floh rückwärts, und der Elefant wandte sich um und verfolgte mich mit unerhörtem Tempo bis zum Waldesrand; wäre unrettbar verloren gewesen, wenn der restliche Leichenzug nicht glücklicherweise wieder dazwischengekommen wäre und ihn abgelenkt hätte. Erfahre eben, daß von dem Leichenzug nichts mehr übrig ist; aber das ist nicht schlimm, denn nun gibt es genug Material für einen neuen. Elefant unterdessen wieder verschwunden.

Mulrooney, Detektiv

Wir hörten nichts Neues mehr, außer von den eifrigen, zuverlässigen Detektiven, die sich über New Jersey, Pennsylvania, Delaware und Virginia verteilten, bis kurz nach vierzehn Uhr folgendes Telegramm eintraf:

Baxter Center, 14.15 Uhr

Elefant hier gewesen, über und über mit Zirkusplakaten beklebt, trieb eine Wiedererweckungsfeier auseinander, erschlug und verletzte viele, die eben besseres Leben beginnen wollten. Bürger fingen ihn ein und stellten Wache auf. Als Detektiv Brown und ich einige Zeit danach eintrafen, betraten wir Umzäunung und schritten zur Identifizierung des Elefanten an Hand Photographie und Signalement. Alle Angaben stimmten genau, nur eins konnten wir nicht erblicken – Narbe unter Achselhöhle. Um zu vergewissern, kroch Brown drunter nachsehen, ihm wurde sofort der Bregen zermalmt – das heißt, Schädel zerschmettert und vernichtet, wobei den Trümmern nichts entfloß. Alles floh, auch der Elefant, der mit großer Wirkung nach rechts und links um sich schlug. Er entkam, hinterließ aber starke Blutspuren von Kanonenwunden. Wiederauffindung gewiß. Brach nach Süden durch dichten Wald.

Brent, Detektiv

Das war das letzte Telegramm. Bei Einbruch der Dunkelheit senkte sich ein so dichter Nebel nieder, daß man auf drei Fuß nichts mehr erkennen konnte. Er hielt die ganze Nacht über an. Die Fähren und selbst die Omnibusse mußten den Verkehr einstellen.

3

Am nächsten Morgen strotzten die Zeitungen wieder von Theorien; mit allen Einzelheiten brachten sie auch alle unsere tragischen Vorfälle und noch eine ganze Anzahl mehr, die ihnen von ihren Korrespondenten telegraphisch berichtet worden waren. Spalte auf Spalte wurde im oberen Drittel von schreienden Schlagzeilen eingenommen, die mir das Herz abdrückten. Sie hatten im allgemeinen folgenden Ton:

»Der weiße Elefant ist los! Er setzt seinen verhängnisvollen Weg fort! Ganze Ortschaften von furchtergriffenen Bewohnern verlassen! Bleicher Schrecken geht ihm voraus, Tod und Verwüstung folgen ihm! Dahinter die Detektive! Scheunen zerstört, Fabriken ausgeräumt, Ernten verschlungen, öffentliche Versammlungen zerstreut, begleitet von Blutbädern unbeschreiblichen Ausmaßes! Theorien von vierunddreißig hervorragenden Detektiven der Geheimpolizei! Theorie Chefinspektor Blunts!«

»Da sehen Sie!« sagte Inspektor Blunt, fast zu Begeisterung verleitet, »das ist großartig! Das ist das größte Glück, das einer Geheimpolizei je widerfuhr. Ihr Ruf wird bis ans Ende der Welt dringen und alle Zeiten überdauern, und mit ihm auch mein Name.«

Aber für mich gab es keine Freude. Mir war zumute, als hätte ich all diese blutigen Verbrechen verübt und als wäre der Elefant nur mein unverantwortliches Werkzeug. Und wie die Liste gewachsen war! An einem Ort hatte er sich »in einen Wahlvorgang eingemischt und fünf Schwarzwähler getötet«. Dieser Tat hatte er die Vernichtung zweier armer Kerle namens O'Donohue und McFlannigan folgen lassen, die »erst am Vortage in der Heimat der Unterdrückten aller Länder Zuflucht gefunden hatten und im Begriff standen, zum erstenmal das vornehmliche Recht der amerikanischen Bürger an der Urne auszuüben, als sie von der unbarmherzigen Hand der Geißel Siams niedergestreckt wurden«. An einem anderen Ort war er »auf einen verrückten Sensationsprediger gestoßen, der gerade für die nächste Saison seine heldenhaften Angriffe auf den Tanz, das Theater und andere Dinge vorbereitete, die sich nicht wehren können, und hatte ihn zertrampelt«. Und an einem weiteren Ort hatte er »einen Reisenden in Blitzableitern umgebracht«. Und so ging die Liste weiter, immer blutiger und herzzerreißender. Sechzig Personen waren getötet und zweihundertvierzig verwundet worden. Alle Berichte legten von der Tätigkeit und dem Einsatzwillen der Detektive gebührend Zeugnis ab, und alle schlossen mit der Bemerkung, daß »dreihunderttausend Bürger und vier Detektive das schreckliche Tier sahen, welches zwei der letzteren ums Leben brachte«.

Ich fürchtete mich davor, den Telegraph wieder klicken zu hören. Nach und nach liefen erneut Meldungen ein, aber sie enttäuschten mich angenehm. Es stellte sich nämlich bald heraus, daß man jede Spur des Elefanten verloren hatte. Der Nebel hatte es ihm ermöglicht, sich unbeobachtet ein gutes Versteck zu suchen. Telegramme aus lächerlich weit auseinanderliegenden Orten teilten mit, man habe dort um die und die Zeit eine ungeheure dunkle Masse durch den Nebel huschen sehen, die »zweifellos der Elefant« gewesen sei. Diese ungeheure dunkle Masse hatte man in New Haven, in New Jersey, in Pennsylvania, im Staate New York, in Brooklyn und sogar in der City von New York erblickt! Aber in allen Fällen war die ungeheure dunkle Masse schnell verschwunden und hatte keine Spuren hinterlassen. Jeder Detektiv der über das riesig weite Gebiet verstreuten Geheimtruppe sandte stündlich seine Meldung, und jeder einzelne von ihnen hatte einen Anhaltspunkt, verfolgte etwas und war dem dicht auf den Fersen.

Aber der Tag verging ohne weiteres Ergebnis.

Der nächste Tag desgleichen.

Der nächste Tag desgleichen.

Die Zeitungsberichte begannen langweilig zu werden, mit ihren Tatsachen, die auf nichts hinausliefen, ihren Spuren, die zu nichts führten, und Theorien, die sich schon fast in allem erschöpft hatten, das Staunen, Entzücken und Verblendung hervorruft.

Auf Anraten des Inspektors verdoppelte ich die Belohnung. Weitere vier eintönige Tage schlichen dahin. Dann traf die armen, geplagten Detektive ein bitterer Schlag: Die Journalisten lehnten es ab, weiter ihre Theorien abzudrucken, und erklärten kalt: »Laßt uns mal Pause machen.« Zwei Wochen nach Verschwinden des Elefanten erhöhte ich auf Anraten des Inspektors die Belohnung auf fünfundsiebzigtausend Dollar. Das war eine große Summe, aber ich wollte lieber mein ganzes Vermögen opfern, als mein Ansehen bei der Regierung einbüßen. Nun, da die Detektive in der Patsche saßen, fielen die Blätter über sie her und begannen, sie mit dem beißendsten Sarkasmus zu überschütten. Das brachte die Minstrels auf eine Idee: Sie kostümierten sich als Detektive und jagten in der abgeschmacktesten Weise den Elefanten auf der Bühne. Die Karikaturisten zeichneten Detektive, die das Land mit Ferngläsern absuchten, während ihnen der Elefant von hinten Äpfel aus der Tasche stahl. Und sie fabrizierten die lächerlichsten Bilder des Abzeichens der

Detektive – Sie haben das Abzeichen sicher schon auf dem Rücken von Kriminalromanen gesehen: ein weitgeöffnetes Auge mit der Devise »Wir schlafen nie«. Wenn Detektive etwas zu trinken bestellten, kramte der geistreiche Ober einen alten Ausdruck für einen starken Schnaps hervor und fragte: »Wünschen Sie einen ›Augenöffner‹?« Die ganze Atmosphäre war mit Bosheit geladen.

Aber einen Mann gab es, den nichts berührte, erschütterte oder aus der Ruhe brachte. Es war das eiserne Herz, der Chefinspektor. Nie senkte sich sein kühner Blick, nie wankte seine gelassene Zuversicht. Er sagte stets: »Sollen sie nur weiterspotten; wer zuletzt lacht, lacht am besten.«

Meine Bewunderung für den Mann wurde zu einer Art Anbetung. Ich war stets an seiner Seite. In seinem Büro zu sitzen, war für mich eine Qual geworden, und diese steigerte sich von Tag zu Tag. Doch wenn er es dort aushielt, wollte ich auch dableiben – wenigstens, solange ich es ertrug. Deshalb ging ich regelmäßig zu ihm und verweilte dort – der einzige Außenstehende, der dazu imstande zu sein schien. Jedermann wunderte sich darüber. Oft war mir zum Davonlaufen, aber dann blickte ich in das ruhige, scheinbar ahnungslose Gesicht und hielt stand.

Etwa drei Wochen nach dem Verschwinden des Elefanten war ich eines Morgens gerade daran zu sagen, daß ich meine Segel streichen und mich zurückziehen müsse, als der große Detektiv meine Absicht unterband, indem er einen weiteren prächtigen, meisterhaften Schachzug vorschlug.

Es ging darum, mit den Dieben einen Vergleich zu schließen. Der Einfallsreichtum dieses Mannes überstieg alles, was ich je erlebt habe, und ich war schon mit vielen der auserlesensten Geister der Welt in Berührung gekommen. Er sagte, er sei überzeugt, daß er für hunderttausend Dollar einen Vergleich schließen und den Elefanten wiedererlangen könne. Ich erwiderte, ich könne die Summe vermutlich zusammenkratzen, aber was würde aus den armen Detektiven, die sich so ergeben abgerackert hätten?

Er sagte: »Bei einem Vergleich erhalten sie immer die Hälfte.«

Das beseitigte meinen einzigen Einwand. So schrieb der Inspektor zwei Mitteilungen folgenden Inhalts:

Werte Madam!

Ihr Gatte kann sich viel Geld verdienen (in vollkommener Sicherheit vor dem Strafgesetz), wenn er sich umgehend mit mir in Verbindung setzt.

Inspektor Blunt

Eine davon schickte er durch seinen Geheimkurier an die »mutmaßliche Gattin« Wackter Duffys und die andere an die mutmaßliche Frau Rotkopf McFaddens.

Innerhalb einer Stunde trafen folgende beleidigende Antworten ein:

Du alter ldjot; Wacker Duffy schon tot seit zwei Jahren.

Bridget Mahoney

Obernachteule, Rotkopf McFadden ist gehängt und 18 Monatte im Himmel. Jeder Esel weis das bloß kein Dedektiv.

Mary O'Hooligan

»Das habe ich schon lange geahnt«, sagte der Inspektor, »diese Zeugnisse beweisen nur die unfehlbare Sicherheit meines Instinkts.«

Sobald ein Mittel versagt, hatte er ein neues zur Hand. Sofort setzte er ein Inserat für die Morgenblätter auf, von denen ich eins aufgehoben habe:

A. – xwblv. 242 N. Tjnd – fz328wmlg. Ozpo, –; 2 m! ogw. Mum.

Er sagte, wenn der Dieb noch am Leben sei, würde er auf das Inserat hin zum gewohnten Treffpunkt kommen. Ferner erläuterte er mir, daß der gewohnte Treffpunkt der Ort sei, wo alle geschäftlichen Angelegenheiten zwischen der Geheimpolizei und Verbrechern erledigt würden. Die Begegnung werde nächste Nacht um zwölf stattfinden.

Bis dahin konnten wir nichts weiter unternehmen, und ich verlor keine Zeit, mich aus dem Büro zu verziehen, wirklich dankbar für das Vorrecht.

Am nächsten Abend um elf brachte ich hunderttausend Dollar in Banknoten mit und drückte sie dem Inspektor in die Hand, der sich kurz darauf verabschiedete, die alte ungetrübte kühne Zuversicht im Blick. Eine unerträglich lange Stunde schlich dahin, dann vernahm ich seinen willkommenen Tritt, sprang keuchend auf und wankte ihm entgegen. Wie seine feinen Augen vor Triumph glühten! Er sagte: »Wir haben den Vergleich geschlossen! Morgen werden die Spötter einen anderen Ton anstimmen! Folgen Sie mir!« Er ergriff eine brennende Kerze und schritt hinunter in das riesige gewölbte Erdgeschoß, in dem ständig sechzig Detektive schliefen und jetzt zwanzig Mann sich mit Kartenspielen die Zeit vertrieben. Ich ging dicht hinter ihm her. Er lief rasch zum düsteren, entfernten Ende des Raumes, und gerade als ich unter Qualen der stickigen Luft erlag und ohnmächtig umsank, stolperte er über die ausgestreckten Glieder eines mächtigen Körpers, und ich hörte ihn noch ausrufen, als er fiel: »Unser edler Beruf ist gerechtfertigt! Hier ist Ihr Elefant!«

Man trug mich ins Büro hinauf und rief mich mit Karbolsäure wieder zum Bewußtsein. Dic gesamte Mannschaft drängte sich herein, und es schloß sich ein solcher Siegesjubel an, wie ich ihn noch nie erlebt hatte. Die Reporter wurden geholt, Champagnerkörbe geöffnet, Toaste ausgebracht, und das begeisterte Händeschütteln und Gratulieren nahm kein Ende. Natürlich war der Inspektor der Held des Tages, und er genoß ein so vollkommenes Glück, mit soviel Ausdauer, Tüchtigkeit und Bravour verdient, daß ich mit Freuden Anteil nahm, obgleich ich jetzt als heimatloser Bettler dastand, denn das kostbare, mir zur Beförderung übergebene Tier war tot, meine Stellung im Dienste meines Landes hatte ich durch ein Verhalten verwirkt, das immer als eine verhängnisvoll sorglose Ausführung einer großen Vertrauensaufgabe angesehen werden wird. Manches beredte Auge verriet die große Bewunderung des Inspektors, und manche Stimme murmelte: »Schaut ihn an – der König unseres Berufs! Gebt ihm nur einen Anhaltspunkt, das ist alles, was er braucht, dann bleibt ihm nichts verborgen!«

Die Verteilung der fünfzigtausend Dollar löste große Fröhlichkeit aus. Als man damit fertig war, hielt der Chef, während er seinen Anteil in die Hosen steckte, eine kleine Rede, in welcher er sagte: »Freut euch an dem Geld, Jungs, denn ihr habt es verdient, ja mehr noch, ihr habt unserem Detektivberuf unsterblichen Ruhm erworben.«

Ein Telegramm traf ein, das folgendermaßen lautete:

Monroe, Michigan, 22.00 Uhr

Stoße zum erstenmal seit drei Wochen auf ein Telegraphenamt. Folgte jener Spur tausend Meilen zu Pferde durch die Wälder hierher, sie wird täglich stärker, größer, frischer. Keine Angst, innerhalb einer Woche habe ich den Elefanten. Steht bombenfest.

Darley, Detektiv

Der Chef brachte drei Hochrufe aus auf »Darley, einen der klügsten Köpfe der Truppe«, und ließ Darley telegraphieren, daß er heimkehren und seinen Anteil an der Belohnung in Empfang nehmen solle.

So endete die wunderbare Geschichte vom gestohlenen Elefanten. Am nächsten Tage sprühten die Zeitungen wieder vor überschwenglichem Lob, mit einer verachtenswerten Ausnahme. Dieses Blatt schrieb: »Groß ist der Detektiv! Er mag ein wenig langsam sein, wenn es darum geht, so etwas Kleines wie einen Elefanten zu finden, den jemand verlegt hat; er mag ihn drei Wochen lang tagsüber verfolgen und nachtsüber neben seinem verwesenden Kadaver schlafen, aber er findet ihn schließlich doch – wenn er den Mann, der ihn verlegte, dazu bewegen kann, ihm den richtigen Platz zu zeigen!«

Der arme Hassan war auf ewig für mich verloren. Die Kanonenschüsse hatten ihn tödlich verwundet, er war im Nebel an jenen düsteren Ort gekrochen und war dort, von Feinden umgeben und in ständiger Gefahr, entdeckt zu werden, hungernd und leidend dahingesiecht, bis ihn der Tod erlöste.

Der Vergleich kostete mich hunderttausend Dollar, die Auslagen für die Detektive betrugen weitere zweiundvierzigtausend Dollar. Nie mehr bewarb ich mich um einen Posten bei meiner

Regierung. Ich bin ruiniert, ein unsteter Wanderer auf Erden – aber meine Bewunderung für diesen Mann, den ich für den größten Detektiv halte, den die Menschheit je hervorbrachte, hat sich bis auf den heutigen Tag nicht verringert und wird andauern bis an mein seliges Ende.

DIE DREISSIGTAUSEND-DOLLAR-ERBSCHAFT

Lakeside war ein freundliches, kleines Städtchen von fünf- oder sechstausend Einwohnern – sogar ein recht hübsches, wie es die Städte weit im Westen gewöhnlich sind. In seinen Kirchen war für fünfunddreißigtausend Leute Platz – auch dies ein Merkmal des Westens und des Südens, wo jedermann praktiziert und jedwede protestantische Sekte vertreten ist und ihre eigene Kirche hat. Gesellschaftliche Rangunterschiede waren in Lakeside unbekannt – zumindest wurden sie nicht eingestanden; jeder kannte jeden, und gesellige Freundlichkeit bestimmte fast stets die Atmosphäre.
Saladin Foster war Buchhalter der größten Gemischtwarenhandlung am Ort und der einzige gutbezahlte Mann seines Berufs in Lakeside. Er war gerade fünfunddreißig Jahre alt und arbeitete seit vierzehn Jahren im gleichen Geschäft; in der Woche, in der er sich verheiratete, hatte er mit vierhundert Dollar pro Jahr angefangen und war in den nächsten vier Jahren regelmäßig um hundert Dollar aufgebessert worden; seither belief sich sein Gehalt gleichbleibend auf achthundert pro Jahr – in der Tat eine hübsche Summe, und jedermann gab zu, daß er sie redlich verdiente.
Seine Frau Electra stand ihm dabei als tüchtige Helferin zur Seite, wenngleich – wie er selbst – stets dem Träumen und dem Errichten heimlicher Luftschlösser zugetan. Nach ihrer Hochzeit – sie war fast noch ein Kind, erst neunzehn Jahre alt – war ihre erste Tat, daß sie am Stadtrand einen Morgen Land erwarb und mit fünfundzwanzig Dollar, ihrem gesamten Vermögen, in bar bezahlte; Saladin besaß nicht so viel – ungefähr fünfzehn. Sie legte einen Gemüsegarten darauf an, den sie

gegen Beteiligung vom nächsten Nachbarn beackern ließ, und wirtschaftete einen Ertrag von dreihundert Prozent heraus. Von Saladins erstem Jahresgehalt brachte sie dreißig Dollar auf die Sparkasse, von seinem zweiten sechzig, hundert von seinem dritten und hundertundfünfzig von seinem vierten. Mittlerweile belief sich sein Gehalt auf achthundert pro Jahr, zwei Kinder waren gekommen und erhöhten die Ausgaben; dennoch legte sie fortan Jahr für Jahr zweihundert Dollar auf die hohe Kante. Nach siebenjähriger Ehe baute sie auf ihrem Gartengrundstück ein hübsches, bequemes Zweitausend-Dollar-Haus, richtete es ein, bezahlte die Hälfte der Kosten in barem Gelde und zog mit ihrer Familie ein. Nach weiteren sieben Jahren war sie schuldenfrei und hatte überdies mehrere hundert Dollar gewinnbringend angelegt.

Der Gewinn kam aus dem Anstieg der Grundstückspreise; denn schon vor längerer Zeit hatte sie einen oder zwei Morgen Land hinzugekauft und den größten Teil davon mit Vorteil an sympathische, baulustige Leute losgeschlagen, die gute Nachbarn abgeben und sich mit ihr und ihrer wachsenden Familie aufs beste vertragen würden. Endlich hatte sie durch sichere Geldanlagen ein eigenes Einkommen von rund hundert Dollar im Jahr; ihre Kinder wuchsen auf und gediehen – sie war eine zufriedene und glückliche Frau; glücklich mit ihrem Mann, glücklich mit ihren Kindern – und Mann und Kinder waren glücklich mit ihr. Das ist der Punkt, an dem diese Geschichte beginnt.

Das jüngere der Mädchen, Clytemnestra – kurz Clytie genannt – war elf Jahre alt; seine Schwester Gwendolen – man nannte sie Gwen – dreizehn; beide waren nette und reizende Kinder. Verrieten ihre Namen einen verborgenen Hang zur Romantik im Blute ihrer Eltern, so deuteten die Namen der Eltern darauf hin, daß auch sie diesen Hang geerbt hatten. Es war eine zärtliche Familie, und so hatten alle vier Familienmitglieder ihre Kosenamen. Saladins Name war recht merkwürdig und ordnete ihn fast dem anderen Geschlechte zu – Sally; vom Namen Electras – Aleck – kann man das gleiche behaupten. Vom Morgen bis in die Dämmerung war Sally ein ausgezeichneter, fleißiger Buchhalter und Verkäufer; vom Morgen bis in die Dämmerung war Aleck eine gute, treusorgende Hausfrau und Mutter, eine Geschäftsfrau, die zu rechnen verstand; abends jedoch, im gemütlichen Wohnzimmer, schoben sie den Alltag beiseite und lebten in einer anderen und schöneren Welt – sie lasen einander Geschichten vor, verloren sich in Träumereien, umgaben sich im Glanz und in der wimmelnden Pracht stolzer Paläste und ehrfurchtgebietender, alter Burgen mit Königen, Fürsten und stattlichen Herren und Damen.

II

Doch dann kamen große Nachrichten – verblüffende und im Grunde erfreuliche Neuigkeiten. Sie kamen aus einem Nachbarstaat, in dem der einzige lebende Verwandte der Familie ansässig war. Es war ein Verwandter Sallys, ein Onkel oder Vetter zweiten oder dritten Grades – Genaueres war nicht festzustellen – namens Tilbury Poster, siebzigjährig und Junggeselle, dem Vernehmen nach wohlhabend und dementsprechend mürrisch und schwierig. Vor langer Zeit hatte Sally einmal versucht, brieflich mit ihm in Verbindung zu treten – er hatte diesen Irrtum kein zweites Mal begangen. Doch jetzt schrieb Tilbury an Sally, er werde binnen kurzem sterben und habe vor, ihm dreißigtausend Dollar in barem Gelde zu vermachen – nicht etwa aus purer Zuneigung, sondern weil die meisten Schwierigkeiten und Ärgernisse seines Lebens durch das Geld verursacht worden seien und ihm daran läge, es da unterzubringen, wo Aussicht bestünde, daß es sein bösartiges Werk fortsetzte. Das Vermächtnis werde sich in seinem Testament niedergelegt finden und ausgezahlt werden – allerdings nur unter der Voraussetzung, daß Sally in der Lage sei, den Testamentsvollstreckern schlüssig zu beweisen, daß er die Erbschaft weder mündlich noch schriftlich jemals erwähnt, über die Fortschritte des Sterbenden auf seinem Wege in die Ewigen Jagdgründe keinerlei Erkundigungen eingezogen und an seiner Beisetzung nicht teilgenommen habe.

Sobald Aleck sich von der durch den Brief hervorgerufenen ungeheuren Aufregung einigermaßen erholt hatte, abonnierte sie die am Wohnort des Verwandten erscheinende Lokalzeitung.

Dann schlossen Mann und Frau ein feierliches Abkommen, die große Neuigkeit zu Lebzeiten des Vetters keinem Menschen mitzuteilen, damit nicht irgendein Dummkopf die Mitteilung ans Sterbebett trüge, sie verdrehte und so den Anschein erweckte, als nähmen sie die Erbschaft in ungehorsamer Dankbarkeit an und erzählten bereits aller Welt davon, dem ausdrücklichen Verbot zum Trotz.

Für den Rest des Tages richtete Sally in seinen Geschäftsbüchern ein verheerendes Durcheinander an, auch Aleck brachte es nicht fertig, sich auf ihre Hausarbeit zu konzentrieren – sie konnte keinen Blumentopf, kein Buch und kein Stück Holz in die Hand nehmen, ohne zu vergessen, was sie damit vorgehabt hatte. Denn sie träumten beide.

»Drei-ßig-tausend Dollar!«

Die Melodie dieser begeisternden Worte ging ihnen den ganzen Tag nicht aus dem Kopf.
Seit ihrem Hochzeitstag hatte Aleck den Daumen auf dem Geldbeutel gehabt; Sally hatte nur selten erlebt, was es hieß, ein Zehncentstück für unnötige Dinge verschwenden zu dürfen.
»Drei-ßig-tausend Dollar!« – das Lied hörte nicht auf, zu erklingen. Eine ungeheuerliche, eine unvorstellbare Summe!
Den ganzen Tag dachte Aleck darüber nach, wie das Geld anzulegen – Sally, wie es auszugeben wäre. An diesem Abend wurden keine Geschichten vorgelesen. Die Kinder gingen früh zu Bett, denn die Eltern waren wortkarg, zerstreut und bemerkenswert wenig unterhaltsam. Ihre Gutenachtküsse hätten ebensogut ins Leere geküßt sein können, so wenig wurden sie erwidert – die Eltern nahmen sie nicht zur Kenntnis, und die Kinder waren schon seit einer Stunde verschwunden, als ihre Abwesenheit endlich bemerkt wurde. Zwei Bleistifte waren in dieser Stunde eifrig benutzt worden – zum Notieren und Pläneschmieden. Es war Sally, der endlich das Schweigen brach. Frohlockend sagte er:
»Oh, Aleck, das wird großartig sein! Das erste Tausend ergibt gerade ein Pferd und einen Einspänner für den Sommer – und einen Schlitten mit Pelzdecke für den Winter!«
Mit ruhiger Entschiedenheit erwiderte Aleck:
»Vom Kapital? Das kommt überhaupt nicht in Frage – und wenn es eine Million wäre!«
Sally war tief enttäuscht; der Freudenschimmer in seinem Gesicht erlosch.
»Aber Aleck!« sagte er vorwurfsvoll. »Wir haben immer so hart gearbeitet und knapp gelebt – nun sind wir reich, und ich sollte meinen …«

Er führte den Satz nicht zu Ende, denn er sah, wie ihre Augen sanft wurden – sein Flehen hatte sie gerührt. Zärtlich und zugleich überzeugend sagte sie:
»Lieber, wir dürfen das Kapital nicht ausgeben – es wäre unklug. Von den Erträgen …«
»Das genügt, Aleck, das genügt! Wie lieb und gut du nur bist! Es wird prächtige Erträge einbringen, und wenn wir die ausgeben können …«
»Nicht alles, Lieber, natürlich nicht alles – aber einen Teil davon darfst du ausgeben. Sagen wir, einen angemessenen Teil. Aber das Kapital – jeder Penny davon – muß so angelegt werden, daß es arbeitet, und dabei muß es dann auch später bleiben. Du siehst doch ein, wie vernünftig das ist, oder?«
»Nun ja – gewiß doch. Aber wir müßten so lange darauf warten! Doch mindestens sechs Monate, bevor die ersten Zinsen fällig werden.«
»Gewiß – vielleicht sogar länger.«
»Noch länger, Aleck? Wird denn nicht halbjährlich ausgezahlt?«
»Bei manchen Anlagen, gewiß; aber ich habe nicht vor, das Geld so anzulegen.«
»Aber wie denn?«
»Auf möglichst große Erträge.«
»Möglichst große – das ist gut. Weiter, Aleck. An was denkst du?«
»Kohle – die neuen Zechen. Anthrazit. Ich denke daran, zehntausend hineinzustecken. Zu Vorzugspreisen. Wenn wir früh genug zeichnen, bekommen wir drei Anteile für einen.«
»Gottsdonner, Aleck, das klingt gut! Und die Anteile – was bringen sie ein? – und wann?«

»Sie werden im Halbjahr zehn Prozent abwerfen und in ungefähr einem Jahr insgesamt dreißigtausend wert sein. Ich weiß darüber genau Bescheid; die Sache ist hier in der Zeitung aus Cincinnati angezeigt.«

»Famos, dreißigtausend für zehn – und das in einem Jahr! Stecken wir doch gleich das ganze Kapital hinein, dann holen wir neunzigtausend heraus! Ich werde unverzüglich einen Brief aufsetzen und die Aktien zeichnen – morgen ist es vielleicht schon zu spät.«

Er stob zum Schreibpult, doch Aleck hielt ihn zurück und nötigte ihn wieder in seinen Sessel. Sie sagte:

»Du mußt nicht gleich den Kopf verlieren. Wir dürfen nicht zeichnen, bevor wir das Geld haben – weißt du das nicht?«

Sallys Aufregung legte sich ein wenig – wenn er sich auch nicht völlig beruhigen konnte.

»Aber wir bekommen es, Aleck, das weißt du doch – und zwar bald. Wahrscheinlich hat er jetzt schon alle Sorgen hinter sich – ich wette hundert zu eins, daß er gerade in diesem Moment dabei ist, sich sein Schüreisen fürs Fegefeuer auszusuchen; ich meine ...«

Aleck erschauerte und unterbrach ihn:

»Sally, wie kannst du nur! Du darfst nicht so reden – es ist wirklich skandalös!«

»Also gut, setzen wir einen Heiligenschein dafür, wenn es dir lieber ist – seine Ausrüstung ist mir einerlei, ich habe es nur so hingesagt; kannst du einen denn nicht wenigstens reden lassen?«

»Aber was hast du nur davon, wenn du so schreckliche Dinge sagst? Würde es dir etwa gefallen, wenn andere Leute so über dich redeten, und du bist noch nicht einmal kalt?«

»Damit dürfte es vorerst noch gute Weile haben – zumal wenn meine letzte Tat darin bestehen soll, daß ich Geld weggebe, um anderen Leuten damit einen Tort anzutun. Aber lassen wir Tilbury, Aleck – reden wir von weltlichen Dingen. Meines Erachtens ist diese Kohlenzeche die richtige Anlage für die ganzen Dreißigtausend. Was hast du dagegen einzuwenden?«

»Alle Eier in einem Korb – das habe ich dagegen einzuwenden.«

»Gut denn, wenn du meinst. Aber was ist mit den übrigen Zwanzigtausend? Was hast du damit im Sinn?«

»Das hat doch keine Eile. Ich werde mich eben umsehen, bevor ich etwas damit anfange.«

»Also gut, wenn du es dir so überlegt hast«, seufzte Sally. Eine Zeitlang saß er tief in Gedanken versunken da, dann sagte er: »Wir hätten also in einem Jahr, von nun an gerechnet, aus den Zehntausend einen Profit von zwanzigtausend gezogen. Die könnten dann doch ausgeben, nicht wahr, Aleck?« Aleck schüttelte den Kopf.

»Nein, mein Lieber«, erklärte sie, »die Anteile bringen kaum etwas ein, bevor wir nicht die erste Halbjahresdividende haben. Aber davon kannst du einen Teil ausgeben.«

»Wie, mehr nicht? – Und dafür soll ich ein ganzes Jahr warten! Wetter und Strahl, ich …«

»So hab doch Geduld! Vielleicht wird sie auch schon nach drei Monaten aufgerufen – das liegt durchaus im Bereich des Möglichen.«

»Wie herrlich – oh, ich danke dir!« – Sally sprang auf und küßte seine Frau voll Dankbarkeit. »Das wären also dreitausend – drei ganze Tausender! Wieviel können wir davon ausgeben, Aleck? Sei großzügig, Liebling, bitte – sei nett!«

Aleck war nett – so nett, daß sie seinem Drängen nachgab und eine Summe bewilligte, die sie bei vernünftiger Betrachtung für eine törichte Extravaganz gehalten hätte: tausend Dollar. Sally küßte sie ein halbdutzendmal, ohne daß es ihm gelang, damit seine Freude und Dankbarkeit voll zum Ausdruck zu bringen. Dieser unerwartete Überschwang von Anerkennung und Zärtlichkeit trug Aleck weit über die Grenzen der Vernunft hinaus; noch bevor sie sich selbst Einhalt gebieten konnte, hatte sie ihrem Liebsten ein weiteres Zugeständnis gemacht – ein paar Tausender von den fünfzig oder sechzig Mille, die sie in Jahresfrist aus den von der Erbschaft noch verfügbaren Zwanzigtausend herauszuholen gedachte. Tränen des Glücks stiegen in Sallys Augen; er sagte:

»Ach – laß dich in die Arme nehmen!« – und er tat es. Doch dann wandte er sich wieder seinen Notizen zu, setzte sich und begann, für den ersten Einkauf eine Liste der Luxusartikel aufzustellen, die er vor allem anzuschaffen wünschte. »Pferd – Einspänner – Schlitten – Wagendecke – Lackstiefel – ein Hund – ein Zylinderhut – eine Kirchenbank – ein Fahrrad – ein neues Gebiß – hörst du, Aleck?«

»Ja?«

»Du bist beim Rechnen, ja? Ausgezeichnet. Hast du die Zwanzigtausend schon angelegt?«

»Nein – das eilt nicht; ich muß mich erst umsehen und darüber nachdenken.«

»Aber du rechnest doch – um was geht es denn jetzt?«

»Nun – ich muß doch sehen, daß ich für die Dreißigtausend, die bei dem Kohlengeschäft herausspringen, eine Anlage finde – oder etwa nicht?«

»Potz Wetter, welch ein Köpfchen! Daran hätte ich nie gedacht. Und wie geht es? Wie weit bist du der Zeit voraus?«

»Noch nicht sehr weit – zwei oder drei Jahre. Ich habe die Sache zweimal überschlagen – einmal in Öl und einmal in Weizen.«

»Großartig, Aleck! Und wie zahlt sich's aus?«

»Nun, ich denke – also rund Einhundertachtzigtausend mit Sicherheit, wahrscheinlich aber mehr.«

»Was! – Ist das nicht wunderbar? Beim Himmel – endlich ist uns das Glück über den Weg gelaufen nach all diesen harten und knappen Jahren! – Aleck?«

»Ja?«

»Ich möchte eigentlich ganze drei Hunderter für die Mission stiften – wo wir doch keinen Grund mehr haben, mit unseren Ausgaben zu knausern.«

»Du könntest nichts Nobleres tun, Liebster – aber das ist eben deine großzügige Art, nie an dich selbst zu denken!«

Das Lob machte Sally überglücklich; aber er war gerecht und ehrlich genug, einzugestehen, daß es von Rechts wegen Aleck gebührte – denn ohne sie hätte er das Geld nie besessen.

Schließlich begaben sie sich zur Ruhe und vergaßen im Überschwang ihrer Seligkeit, die Kerze im Wohnzimmer auszulöschen. Erst als sie ihre Kleider bereits abgelegt hatten, fiel es ihnen ein. Sally war dafür, sie brennen zu lassen; man könne es sich ja leisten, sagte er, und wenn es tausend Kerzen wären. Aber Aleck ging hinunter und löschte das Licht.

Übrigens lohnte es sich, denn auf dem Rückwege fiel ihr ein Geschäft ein, das aus den Hundertachtzigtausend eine halbe Million machen würde, noch bevor das Geld Zeit hatte, kalt zu werden.

III

Das Wochenblättchen, das Aleck abonniert hatte, erschien am Donnerstag; dann mußte es vom Wohnort Tilburys eine Reise von fünfhundert Meilen antreten und würde am Samstag eintreffen. Am Freitag war Tilburys Brief abgeschickt worden – für den Erblasser also mehr als einen Tag zu spät, um noch zu sterben und in die Ausgabe der gleichen Woche zu gelangen; freilich bei weitem früh genug, um den Anschluß an die nächste Nummer zu gewinnen. Fast eine volle Woche also mußten die Posters warten, bis sie erfahren konnten, ob ihm etwas Erfreuliches widerfahren war oder nicht. Es war eine lange, lange Woche, und die Spannung lastete wie ein Alb auf ihnen. Beide hätten sie wohl kaum ertragen, hätten ihre Gedanken nicht in wohltätiger Arbeit Erleichterung gefunden. Daß dies der Fall war, sahen wir bereits. Die Frau häufte unverweilt Vermögen an, und der Mann gab es aus – zumindest in dem Maße, in dem seine bessere Hälfte es ihm erlaubte.

Endlich kam der Samstag und mit ihm der *Weekly Sagamore*. Zugegen war Mrs. Eversly Bennett; sie war die Gattin des presbyterianischen Pfarrers und bearbeitete die Fosters wegen einer Spende. Urplötzlich erstarb das Gespräch – auf seiten der Fosters. Und schließlich bemerkte auch Mrs. Bennett, daß ihre Gastgeber von allem, was sie sagte, kein Wort vernahmen; verwundert und ein wenig entrüstet erhob sie sich und ging. Kaum hatte sie das Haus verlassen, riß Aleck auch schon das Streifband von der Zeitung. Ihre und Sallys Augen überflogen die Spalte der Todesanzeigen. Enttäuschung! – Tilbury wurde nirgends erwähnt. Aleck war von jeher eine gute Christin; ihr Pflichtgefühl und die Macht der Gewohnheit veranlaßten sie, den entsprechenden Gefühlen Ausdruck zu verleihen; und so bezwang sie sich und sagte mit frommer, zweiprozentig handelsüblicher Heiterkeit:

»So laß uns denn dem Herrn in Demut danken, daß er verschont wurde, und …«

»Der Teufel hole sein unzuverlässiges Fell! – Ich wollte …«

»Aber Sally! Schämst du dich denn nicht?«

»Ich denke nicht daran!« versetzte der aufgebrachte Mann, »schließlich empfindest du genau dasselbe – und wenn du nicht so unmoralisch fromm wärst, müßtest du ehrlich sein und es zugeben.«

Mit einem Ausdruck verletzter Würde erwiderte Aleck:

»Ich begreife nicht, wie du etwas derart Häßliches und Ungerechtes über die Lippen bringst. Eine unmoralische Frömmigkeit kann es nicht geben.«

Sally fühlte, daß der Schlag traf, verbarg es jedoch hinter einem ungeschickten Versuch, seine Sache zu retten, indem er ihre Form änderte – als ob eine andere Form bei gleichem Inhalt die erfahrene Frau hätte täuschen können, die er zu beschwichtigen versuchte! Er sagte:

»So schlimm habe ich es ja nicht gemeint, Aleck; ich meinte nicht wirklich unmoralische Frömmigkeit, ich wollte nur sagen – hm, ja – diese übliche Frömmigkeit, verstehst du – äh, diese oberflächliche Frömmigkeit, diese – ach, du weißt schon, was ich damit sagen will, Aleck; ich meine diese Art, einen versilberten Gegenstand auszustellen und für massiv und echt auszugeben, verstehst du – natürlich ohne dabei etwas Unrechtes im Sinne zu haben, nur aus der Gewohnheit des Verkaufens, aus Überlieferung, versteinertem Gebrauch, aus Loyalität gegen – gegen – ach, zum Teufel, mir fallen die richtigen Worte nicht ein, Aleck – aber du weißt schon, was ich meine und daß ich nichts Böses damit sagen will. Aber ich werde es noch einmal versuchen; siehst du, es ist so: wenn ein Mensch …«

»Du hast bereits genug gesagt«, unterbrach ihn Aleck kühl, »reden wir von etwas anderem.«

»Nur zu gern«, entgegnete Sally erleichtert und wischte sich den Schweiß von der Stirn. Aus seinen Augen leuchtete eine Dankbarkeit, für die ihm die Worte fehlten. Dann entschuldigte er sich in Gedanken vor sich selbst. ›Ich hatte meine Trümpfe in der Hand, das weiß ich – aber dann spielte ich aus, und sie stachen nicht. Das ist der Punkt, an dem ich im Spiel so oft versage. Wenn ich auf meiner Ansicht beharrt hätte – aber das tat ich ja nicht. Das tue ich nie. Ich weiß eben nicht genug.‹ Nachdem er sich seine Niederlage eingestanden hatte, war er wieder zahm und schüchtern, wie es sich gehörte. Alecks Augen verziehen ihm.

Doch nun schob sich das große, das beherrschende Anliegen unverzüglich wieder in den Vordergrund – nichts war geeignet, es länger als ein paar Minuten zu unterdrücken. Beide beschäftigten sich mit der Rätselfrage, aus welchen Gründen Tilburys Todesanzeige nicht erschienen sein mochte. Sie drehten und wendeten das Rätsel mehr oder minder hoffnungsvoll, aber sie mußten aufhören, wo sie angefangen hatten: bei dem Eingeständnis, daß die einzig vernünftige Erklärung für das Fehlen der Anzeige darin bestehen mußte – und zweifelsohne bestand –, daß Tilbury nicht gestorben war. Das hatte seine betrüblichen Aspekte und war sogar ein wenig ungerecht – aber es war nun einmal so und mußte hingenommen werden; darüber waren sie sich einig. Sally empfand es als gänzlich unerforschliche Schicksalsfügung – unerforschlicher als gewöhnlich, so schien es ihm, und in der Tat auf die weitaus unnötigste Art unerforschlich, deren er sich entsinnen konnte. Er sprach diese Ansicht auch mit einigem Nachdruck aus – doch wenn er gehofft hatte, Aleck damit zu einer Gegenäußerung zu bewegen, so irrte er sich. Sie hielt mit ihrer Meinung zurück, sofern sie eine hatte – es war nicht ihre Art, unvernünftige Risiken einzugehen, sei die Sache nun weltlicher oder anderer Art.

So mußten denn beide auf die Ausgabe der nächsten Woche warten – Tilbury hatte sich offenbar für einen späteren Zeitpunkt entschieden. Das war die einzige Lösung, zu der sie gelangen konnten; sie ließen das Thema fallen und gingen von neuem ihren Geschäften nach, so gut und ehrenhaft sie es nur vermochten.

Wenn sie es nur gewußt hätten! – Sie hatten Tilbury die ganze Zeit über unrecht getan. Denn Tilbury hatte Wort gehalten, auf den Buchstaben genau. Er war tot; er war planmäßig gestorben. Mittlerweile war er schon seit mehr als vier Tagen tot und hatte sich daran gewöhnt. Er war richtig tot – gänzlich tot, so tot wie jeder andere Neuankömmling auf dem Friedhof. Er war überdies schon so lange tot, daß er reichlich Zeit gehabt hätte, noch in der vorliegenden Ausgabe des *Sagamore* zu erscheinen. Nur durch Zufall war es nicht dazu gekommen – durch einen Zufall, der bei einer Großstadtzeitung ausgeschlossen ist, bei einem Provinzblättchen wie dem *Sagamore* jedoch leicht vorkommen kann. In diesem Falle traf, gerade als die redaktionelle Seite druckfertig gemacht werden sollte, eine kostenlose Probe Erdbeereis aus ›Hostetters-Eiskrem-Salon für Damen und Herren‹ ein – und die paar Zeilen einigermaßen frostigen Bedauerns über Tilburys Hinscheiden wurden aus dem Satz genommen, um für die begeisterte Danksagung des Redakteurs Platz zu schaffen.

Doch auf dem Wege zur Stehsatz-Ablage gerieten die Lettern von Tilburys Todesanzeige durcheinander. Sie wäre sonst in einer der folgenden Nummern erschienen, denn Zeitungen wie der *Weekly Sagamore* treiben mit ›Familiennachrichten‹ keine Verschwendung; ›Familiennachrichten‹ sind bei ihnen, sofern sie einmal gesetzt sind, unsterblich – wenn nicht ein derartiges Mißgeschick unterläuft. Aber eine Nachricht, die durcheinandergerät, ist gestorben – für sie gibt es keine Auferstehung; ihre Chance, jemals im Druck zu erscheinen, ist auf ewig vertan. Und ob es Tilbury nun gefiel oder nicht – mochte er in seinem Grabe toben, solange er wollte – einerlei, kein Wort über sein Hinscheiden würde je in den Spalten des *Weekly Sagamore* das Licht der Welt erblicken.

IV

Fünf Wochen schleppten sich träge dahin. Der *Sagamore* erschien regelmäßig am Samstag, enthielt jedoch nie einen Hinweis auf Tilbury Foster. Endlich brach Sallys Geduld zusammen; zornentbrannt rief er aus:

»Der Geschwänzte fresse seine Leber – er ist unsterblich!«

Aleck erteilte ihm einen sehr ernsten Verweis und fügte mit einiger Strenge hinzu:

»Wie wäre dir wohl zumute, wenn du plötzlich sterben müßtest, nachdem dir gerade eine derart ungeheuerliche Bemerkung entschlüpft wäre?«

Ohne es sich recht zu überlegen, antwortete Sally:

»Ich wäre heilfroh, daß es mich nicht erwischt hätte, solange sie noch in mir steckte.«

Sein Stolz hatte ihn getrieben, irgend etwas zu sagen – und weil ihm nichts Gescheiteres einfiel, war er hiermit herausgeplatzt. Doch dann zog er es vor, sich unsichtbar zu machen, wie er es ausdrückte – will sagen, er verschwand, um nicht von seiner Frau mit endlosen Argumenten aufgerieben zu werden. Sechs Monate kamen und gingen. Der *Sagamore* schwieg sich über Tilbury Foster aus. In der Zwischenzeit hatte Sally mehrmals Fühler ausgestreckt – das heißt, er hatte angedeutet, daß er gern Genaueres wüßte. Aber Aleck hatte seine Andeutungen nicht zur Kenntnis genommen. Nun beschloß Sally, Mut zu fassen und einen direkten Angriff zu wagen. Ohne Umschweife schlug er vor, er wolle sich verkleiden, in Tilburys Dorf reisen und die Lage der Dinge verstohlen auskundschaften. Aleck lehnte den gefährlichen Plan mit Nachdruck und aller Entschiedenheit ab; sie sagte:

»Ja, was denkst du dir denn eigentlich? Mit dir hat man zu tun! Ständig muß man auf dich achtgeben wie auf ein kleines Kind – sonst rennst du geradewegs ins Feuer! – Du bleibst gefälligst, wo du bist!«

»Aber Aleck – ich könnte es doch tun, ohne erkannt zu werden, das ist doch keine Frage …«

»Sally Foster, ist dir denn nicht klar, daß du dann unter den Leuten herumfragen müßtest?«

»Gewiß, aber was ist schon dabei? Niemand würde sich darum kümmern, wer ich bin.«

»Man höre sich das nur an! – Aber eines Tages mußt du den Testamentsvollstreckern beweisen, daß du nie Erkundigungen eingezogen hast. Was dann?« Diese Bestimmung hatte er vergessen. Er antwortete nicht, denn es gab nichts zu erwidern. Aleck fuhr fort:

»Also – schlag dir diese Idee aus dem Kopf und laß dergleichen auch in Zukunft beiseite. Es ist eine Falle, die Tilbury dir gestellt hat – siehst du denn nicht, daß es eine Falle ist? Sicher ist er auf dem Posten und wartet nur darauf, daß du hineinstolperst! Nun, die Genugtuung wird er nicht haben – zumindest nicht, solange ich es verhindern kann. – Sally?«

»Ja?«

»Du darfst keinerlei Nachforschungen anstellen, solange du lebst – und wenn du hundert Jahre alt werden solltest; versprich mir das!«

»Also gut!« kam es zögernd und mit einem Seufzer.

Nun war auch Aleck milde gestimmt und sagte:

»Du mußt nicht ungeduldig sein. Uns geht es gut – wir können warten, es hat keine Eile. Unser kleines, sicheres Einkommen erhöht sich laufend; und was die Zukunft betrifft, so habe ich bisher noch keinen Fehler gemacht – die Dollars türmen sich zu Tausenden und Zehntausenden. Im ganzen Staat gibt es keine zweite Familie, deren Aussichten mit den unseren zu vergleichen wären. Es ist schon jetzt soweit, daß wir in unserem künftigen Reichtum schwimmen; das weißt du recht gut – oder etwa nicht?«

»Ja, Aleck, du hast gewiß recht.«

»Dann hör auf, dir Gedanken zu machen, und sei dankbar für das, was Gott für uns getan hat. Denn du glaubst doch nicht etwa, daß wir ohne seine ganz besondere Unterstützung und Führung zu solch wunderbaren Erfolgen gelangt wären?«

»Nein, das möchte ich nicht annehmen«, erwiderte er zögernd, um dann überzeugt und voll Bewunderung hinzuzufügen: »Allerdings – wenn es auf Urteilsfähigkeit ankommt, damit ein Kapital anwächst oder Wall Street gehörig Federn läßt, bin ich doch der Meinung, daß du in dieser Hinsicht auf die Unterstützung eines unbeteiligten Amateurs verzichten könntest – wenn ich auch wünschte, daß …«

»Oh, schweig still! Ich weiß, daß du damit nichts Böses sagen oder gar lästern willst, du Armer – aber mir scheint, du kannst den Mund nicht aufmachen, ohne daß man Dinge zu hören bekommt, bei denen es einen kalt überläuft. Du hältst mich in ständiger Angst – um dich und um uns alle. Früher habe ich mich nie vorm Gewitter gefürchtet, aber jetzt brauche ich es nur donnern zu hören, und …«

Ihre Stimme brach; sie begann zu weinen und konnte den Satz nicht beenden. Ihr Anblick griff Sally ans Herz – er schloß sie in die Arme, liebkoste und tröstete sie, versprach Besserung, machte sich selbst heftige Vorwürfe und bat sie reuevoll um Verzeihung. Es war ihm ernst damit, denn er bedauerte, was er getan hatte, und war zu jedem Opfer bereit, es wiedergutzumachen.

Und so dachte er insgeheim lange und eingehend über die Sache nach und beschloß, zu tun, was ihm als das Beste erschiene. Besserung zu versprechen, war einfach – überdies hatte er es bereits getan. Aber würde es wirklich etwas nützen, auf die Dauer gesehen? Nein – eine Weile würde es vorhalten; denn er kannte seine Schwäche und gestand sie sich selbst bekümmert ein: Er würde das Versprechen nicht halten können. Also mußte er sich schon etwas Besseres und Sichereres einfallen lassen – und es fiel ihm ein. Unter Aufopferung kostbaren Geldes, das er sich seit langem mühsam zusammengespart hatte, ließ er am Hause einen Blitzableiter anbringen.

Und nach angemessener Zeit wurde er wieder rückfällig.

Welche Wunder die Gewohnheit bewirken kann! – Und wie schnell und leicht verfallen wir nicht in Gewohnheiten – in unbedeutende Gewohnheiten, aber auch in solche, die uns von Grund auf ändern! Wenn wir zufällig in mehreren aufeinanderfolgenden Nächten um zwei Uhr morgens aufwachen, haben wir bereits allen Grund, uns unbehaglich zu fühlen; noch eine Wiederholung kann den Zufall zur Gewohnheit werden lassen, und ein mit Whisky durchsetzter Monat – aber das sind alltägliche Dinge und jedermann bekannt.

Die Gewohnheit, Luftschlösser zu bauen, sich in Tagträume zu verlieren – wie sie wächst! – wie sie zur Wohltat wird, wie wir jede freie Minute benutzen, uns in ihren Zauber zu flüchten, wie wir in ihr schweigen, unsere Seelen in ihr ertränken, uns mit ihren trügerischen Gaukelbildern vergiften! – oh, und wie schnell haben sich dann Traum und Wirklichkeit so miteinander vermengt und ineinander verwoben, daß wir nicht mehr imstande sind, zu sagen, was zum einen und was zum anderen gehört. Bald darauf abonnierte Aleck noch eine Tageszeitung aus Chikago und den *Wall Street Pointer.* Sie entwickelte einen einmaligen Blick für Geldangelegenheiten und studierte diese Zeitungen die ganze Woche hindurch mit dem gleichen Eifer, mit dem sie sonntags ihre Bibel las. Sally verging vor Bewunderung, wenn er sah, mit welch geschwinden und sicheren Schritten ihr Geist und ihre Urteilskraft, sofern es das Überschauen und die Handhabung von Sicherheiten sowohl des weltlichen wie auch des geistlichen Marktes betraf, sich entwickelten und erweiterten. Er war stolz auf den Mut und die Kaltblütigkeit, mit der sie weltliche Kapitalien ausbeutete – nicht weniger stolz war er auf ihre konservative Vorsicht im Umgang mit den Dingen der Religion. Er wußte, daß sie in beiden Fällen nie den Kopf verlor – daß sie mit bewundernswerter Courage bei ihren weltlichen Geschäften – stets achtsam die Kurse verfolgend – auf Baisse spekulierte, während sie bei den anderen die Sicherheit über alles stellte. Ihre Taktik war, wie sie ihm erklärte, recht vernünftig und einfach: Was sie in irdischen Geschäften anlegte, diente der

Spekulation – was sie auf geistliche Geschäfte verwendete, der Anlage; bei den ersteren war sie bereit, das Risiko, das in Börsenmanövern steckt, zu tragen – bei den anderen dagegen ging es ihr um Sicherheit; da wollte sie ihre Einlage zum vollen Wert kassieren und ihr Kapital zu Buch geschlagen wissen.

Es bedurfte nur weniger Monate, bis Alecks und Sallys Einbildungskraft zureichend geschult waren. Die Übung jedes einzelnen Tages trug dazu bei, Spannweite und Wirksamkeit ihres Denkapparates zu fördern. Und infolgedessen erwarb Aleck ihr imaginäres Geld weit schneller, als sie es sich anfangs hätte träumen lassen, so daß Sallys Befugnis, die Überschüsse auszugeben, durchaus mit den steigenden Gewinnspannen Schritt hielt. Zuerst hatte Aleck für ihre Kohlenspekulation zwölf Monate eingesetzt, bis etwas dabei herauskäme – sie hatte nicht einmal zugeben wollen, daß sich diese Zeitspanne möglicherweise auf neun Monate verkürzen könnte. Doch das war nur das unzulängliche, kindliche Werk eines Verstandes, der in Gelddingen keine Unterweisung, keine Erfahrungen, keine Übung hatte. Aber diese Hilfsmittel stellten sich bald ein; dann waren die neun Monate um, und die imaginäre Zehntausend-Dollar-Investition kam mit einem Profit von dreihundert Prozent auf dem Rücken wieder ins Haus marschiert!

Das war ein großer Tag für die Fosters! Sie waren sprachlos vor Freude. Und noch aus einem anderen Grunde waren sie sprachlos: Nach gründlicher Beobachtung des Marktes hatte Aleck kürzlich mit Furcht und Bangen ihr erstes, gewagtes Börsengeschäft getätigt und dabei die verbliebenen zwanzigtausend Dollar aus der Erbschaft riskiert. Vor ihrem geistigen Auge hatte sie die Kurse steigen sehen, Punkt für Punkt – wobei immer die Gefahr eines Börsenkrachs bestand –, bis endlich ihre Besorgnis größer wurde als ihre Standhaftigkeit [schließlich war sie ein Neuling im Börsengeschäft und noch längst nicht hartgesotten genug]; durch ein imaginäres Telegramm gab sie ihrem imaginären Makler die imaginäre Anweisung, zu verkaufen. Vierzigtausend Dollar Profit, meinte sie, seien genug. Der Verkauf wurde am gleichen Tage perfekt, an dem die Kohlenspekulation mit ihrer reichen Fracht heimgekehrt war; ich sagte es schon – die Fosters waren sprachlos. Betäubt und selig saßen sie an diesem Abend da und versuchten, die ungeheuerliche, die umwerfende Tatsache zu begreifen, daß sie tatsächlich ein Vermögen von einhunderttausend Dollar in blankem, imaginärem Bargeld besaßen. Und dennoch war es so.

Es war zugleich das letzte Mal, daß Aleck vor einer Börsenspekulation Angst hatte – zumindest so viel Angst, daß sie nicht schlafen konnte und so blaß wurde, wie es bei diesem ersten Versuch der Fall gewesen war.

Es war in der Tat ein denkwürdiger Abend. Die Vorstellung, sie wären reich, nistete sich bald in Alecks und Sallys Seelen ein – und dann begannen sie, mit dem Gelde zu wirtschaften. Sähen wir die Welt mit den Augen dieser Träumer, so hätten wir beobachten können, wie ihr winziges Holzhaus verschwand und ein zweistöckiger Ziegelbau mit einem gußeisernen Staketenzaun davor an seine Stelle trat; wir hätten sehen können, wie sich ein dreiarmiger Gaskronleuchter von der Decke herabrankte; wir hätten erleben können, wie sich der behagliche Flickenteppich in einen eleganten Brüsseler zu anderthalb Dollar pro Elle verwandelte und wie der gewöhnliche Kamin dahinschwand und ein komplizierter, ehrfurchteinflößender, gewaltiger Dauerbrenner mit Glimmerfenstern seinen Platz einnahm.

Und noch weitere Dinge hätten wir sehen können – darunter den Einspänner, die Wagendecke, den Zylinderhut und anderes mehr.

Obwohl die Töchter und die Nachbarn nur das gleiche alte Holzhaus dastehen sahen, war es für Aleck und Sally von Stund an ein zweistöckiges Ziegelbauwerk; und es verging kein Abend, an dem Aleck sich nicht imaginärer Gasrechnungen wegen den Kopf zerbrach und von Sally mit der leichtfertigen Erwiderung: »Was macht's – wir können es uns ja leisten« getröstet wurde.

An diesem ersten Abend ihres Reichtums hatten die beiden vor dem Zubettgehen beschlossen, daß sie feiern müßten. Sie würden eine Party geben – ja, das war es. Doch welchen Anlaß sollten sie den Töchtern und den Nachbarn gegenüber dafür angeben? Daß sie reich waren, durften sie nicht verraten. Sally wäre bereit, ja begierig darauf gewesen, es zu tun; Aleck dagegen behielt ihren klaren Kopf und gestattete es nicht. Wenn auch das Geld so gut wie vorhanden war, erklärte sie, so wäre es doch vernünftiger, zu warten, bis es wirklich da sei. Das war ihr Standpunkt, an dem sie unnachgiebig festhielt. Das große Geheimnis müsse gewahrt bleiben, sagte sie – vor den Töchtern und vor allen anderen Leuten.

Beide waren ratlos. Sie wollten feiern, sie waren zum Feiern entschlossen – aber was sollten sie feiern, wenn das große Geheimnis gewahrt bleiben mußte? Innerhalb der nächsten drei Monate war nicht einmal ein Geburtstag fällig. Tilbury war nicht verfügbar – offenbar wollte er ewig leben; was in aller Welt konnte man nur feiern? Das jedenfalls war Sallys Art, die Dinge zu sehen; überdies begann er, ungeduldig zu werden. Doch endlich hatte er den erlösenden Einfall – durch pure Eingebung, wie es ihm schien – und im gleichen Moment war

all ihr Kummer verflogen: Sie würden die Entdeckung Amerikas feiern! Eine überwältigende Idee!
Alecks Stolz auf Sally ließ sich kaum in Worte fassen – auf diesen Einfall, gestand sie schließlich, wäre sie nie gekommen. Und obgleich Sally vor Entzücken über das Kompliment und vor Erstaunen über sich selbst nahezu zerbarst, versuchte er doch, sich nichts anmerken zu lassen, und sagte, im Grunde wäre das doch nichts, und es hätte auch einem anderen einfallen können – worauf Aleck stolz den Kopf in den Nacken warf und erwiderte:
»Oh, gewiß doch! Jedem anderen hätte es einfallen können – jedem! Hosannah Dilkins zum Beispiel! Oder etwa Adelbert Peanut – du lieber Gott, ja! Ich möchte dabeisein, wenn sie es versuchten; Himmel, wenn sie sich die Entdeckung einer Insel von vierzig Morgen vorstellen könnten, wäre es schon mehr, als ich ihnen zutraue! Aber wenn es um die Entdeckung eines ganzen Kontinents geht – nein, lieber Sally Foster, du weißt recht gut, daß sie sich anstrengen müßten, bis ihnen der Kopf rauchte – und daß sie es doch nicht fertigbrächten!«
Die Gute! – Sie wußte um sein Talent, und wenn sie es vor lauter Zuneigung um ein Weniges überschätzte, so war das – ganz ohne Zweifel – nur ein liebenswertes, freundliches Vergehen, das man schon seines Ursprungs wegen entschuldigen durfte.

V

Die Feier verlief prächtig. Alle Freunde waren zugegen, jung und alt; unter den jungen waren Flossie und Grace Peanut und ihr Bruder Adelbert, ein junger Klempnergeselle mit guten Aussichten, sowie Hosannah Dilkins Junior, Stukkateurgehilfe, der gerade seine Lehre abgeschlossen hatte. Schon seit Monaten hatten sich Adelbert und Hosannah unverhohlen für Gwendolen und Clytemnestra Poster interessiert, und die Eltern der Mädchen hatten es mit heimlicher Befriedigung zur Kenntnis genommen. Doch nun wurde ihnen plötzlich bewußt, daß dieses Gefühl abgeklungen war. Sie entdeckten, daß die veränderten finanziellen Verhältnisse zwischen ihren Töchtern und den jungen Handwerkern eine gesellschaftliche Schranke errichtet hatten. Die Töchter konnten jetzt höhere Ansprüche stellen – sie mußten es sogar. Ja, sie mußten es. Unter dem Range eines Anwalts oder Kaufmanns kam eine Heirat nicht in Betracht, dafür würden Pap und Mom schon sorgen – Mesalliancen durfte es nicht geben.

Indes waren dies geheime Gedanken und Pläne; sie traten nicht an die Oberfläche und warfen deshalb auch keine Schatten über das Fest. Was zur Schau getragen wurde, war eine gewisse heiter-stolze Zufriedenheit, eine würdige Haltung und ein gesetztes Benehmen, das den Gästen Bewunderung und zugleich Erstaunen abnötigte. Alle bemerkten es, alle sprachen darüber, aber niemand war in der Lage, das Geheimnis zu ergründen. Es war ein Wunder – ein Rätsel. Ohne zu ahnen, daß sie damit nahezu ins Schwarze trafen, bemerkten mehrere der Anwesenden:

»Es sieht aus, als wären sie zu Geld gekommen.«

Und so war es denn ja auch.

Die meisten Mütter hätten das Problem der Verheiratung ihrer Töchter auf die althergebrachte Art angegriffen; sie hätten sich die Mädchen vorgenommen und ihnen eine ernsthafte und taktlose Rede gehalten – eine Lektion, die geeignet war, ihre eigenen Zwecke zu vereiteln, indem sie Tränen und heimliche Auflehnung hervorrief. Die gleichen Mütter hätten ihren

Absichten weiterhin geschadet, indem sie die jungen Handwerker aufgefordert hätten, ihre Aufmerksamkeiten einzustellen. Aber diese Mutter war anders. Sie war vernünftig. Sie ließ den beteiligten jungen Leuten gegenüber kein Wort fallen und sprach auch sonst mit niemandem – außer mit Sally. Er hörte zu und begriff – er begriff und bewunderte sie. Dann sagte er: »Ich sehe, worauf du hinauswillst. Anstatt die in Aussicht genommene Ware zu bemängeln, damit Gefühle zu verletzen und das Geschäft unnötig zu behindern, bietest du einfach eine bessere Sorte fürs Geld und läßt der Natur ihren Lauf. Das ist Weisheit, Aleck, fundierte Weisheit, vernünftig wie nur irgend etwas. Und wie steht es mit der Beute? Hast du schon jemanden ins Auge gefaßt?«

Nein, das hatte sie noch nicht. Es galt, den Markt sorgfältig zu beobachten – und das taten sie. Für den Anfang erwogen und besprachen sie Bradish, einen vielversprechenden jungen Anwalt, und Fulton, einen aufstrebenden jungen Zahnarzt. Sally sollte beide zum Essen einladen – wenn auch nicht sofort; wie Aleck sagte, hatte es keine Eile. Man mußte die beiden im Auge behalten und abwarten; schließlich verlor man nichts, wenn man in einer so wichtigen Angelegenheit langsam vorging.

Daß auch dies weise gehandelt war, stellte sich bald heraus. Innerhalb der nächsten drei Wochen gelang Aleck ein wunderbarer Coup, der ihre imaginären Hunderttausend auf nicht weniger als imaginäre Vierhunderttausend anschwellen ließ. An diesem Abend schwebten Aleck und Sally in den Wolken. Zum ersten Mal tranken sie Champagner zum Essen – keinen wirklichen Champagner, aber für das Maß an Phantasie, das auf ihn verwendet wurde, war er wirklich genug. Es war Sally, der den Einfall hatte, und Aleck gab unter schwachem Protest nach. Im Grunde fühlten sie sich beide nicht wohl dabei und schämten sich – er bekleidete einen hohen Rang unter den ›Söhnen der Mäßigkeit‹ und trug bei Begräbnissen eine Schürze, die kein Hund betrachten konnte, wenn er seinen Verstand und seine Urteilskraft wahren wollte; und sie gehörte der ›Temperenzler-Union Christlicher Frauen‹ an – mit allem, was eine solche Mitgliedschaft an gußeiserner Tugend und unerträglicher Heiligkeit mit sich bringt. Aber so war es nun einmal – der Stolz auf Reichtümer begann sein Zerstörungswerk. Ihr Lebenswandel war nur ein Beweis mehr für die traurige Wahrheit, die auf Erden schon so oft zuvor bewiesen worden war: Wenn Grundsätze sich auch als guter und edler Schutz gegen Prunksucht und entwürdigende Eitelkeiten und Laster bewähren, so ist doch die Armut sechsmal so viel wert. Aber ein Guthaben von mehr als vierhunderttausend Dollar! Sie wandten sich wieder dem Heiratsproblem zu. Der Zahnarzt und der Anwalt wurden nicht mehr erwähnt – dazu gab es keinen Anlaß, sie waren nicht mehr im Rennen, sie waren disqualifiziert. Sie sprachen bereits über den Sohn des Fleischkonserven-Fabrikanten und den des Ortsbankiers. Doch endlich beschlossen sie, wie schon zuvor, abzuwarten und alle weiteren Schritte vorsichtig zu erwägen.

Und wieder kreuzte das Glück ihren Weg. Die stets wachsame Aleck sah eine große, wenngleich gefährliche Möglichkeit und ließ sich auf eine gewagte Spekulation ein. Eine Zeit des Zitterns, des Zweifelns, der entsetzlichsten Unruhe folgte – ein Mißerfolg würde nicht weniger bedeuten als den völligen Ruin. Doch dann traf das Ergebnis ein. Halb ohnmächtig vor Freude, vermochte Aleck kaum die Stimme zu erheben, als sie sagte:

»Die Spannung ist vorbei, Sally – und wir sind jetzt eine runde Million wert!«

Sally weinte vor Dankbarkeit und erwiderte:
»Ach, Electra, du Edelstein unter den Frauen, Geliebte meines Herzens! Endlich sind wir frei – wir schwimmen im Gelde und brauchen uns nie mehr abzurackern! Das ist eine Gelegenheit für Veuve Cliquot!« Und er holte eine Pinte Sprossenbier, sagte »einerlei, was es kostet und brachte ein Opfer dar; sie verwies es ihm sanft mit vorwurfsvollem Blick, aber feuchten und glückstrahlenden Augen.
Den Sohn des Fleischkonserven-Fabrikanten und den Sohn des Bankiers legten sie zu den Akten und ließen sich nieder, um über den Sohn des Gouverneurs und den Sohn des Kongreß-Abgeordneten zu beraten.

VI

Den sprunghaft steilen Anstieg, den das eingebildete Vermögen der Fosters von nun an erlebte, in allen Einzelheiten zu verfolgen, wäre zu mühsam. Es war ein Wunder, es war schwindelerregend, es war nicht zu fassen. Was Aleck auch berührte, verwandelte sich in Märchengold und häufte sich glitzernd himmelwärts. Million auf Million überschüttete sie, immer noch floß der gewaltige Strom brausend einher, immer noch schwoll seine unabsehbare Flut. Fünf Millionen – zehn Millionen – zwanzig – dreißig – sollte es denn nie ein Ende nehmen?
Zwei Jahre, in denen die berauschten Fosters kaum das Verstreichen der Zeit bemerkten, vergingen in köstlichem Wahn. Sie besaßen jetzt dreihundert Millionen Dollar; sie saßen im Aufsichtsrat jedes großen Unternehmens der Nation; und während die Zeit verstrich, türmten sich unablässig die Millionen, fünf auf einmal, zehn mit einem Schlage – so geschwind,

daß sie kaum noch den Überblick behielten. Die dreihundert verdoppelten sich – verdoppelten sich abermals – und nochmals – und noch ein weiteres Mal.

Zweitausendvierhundert Millionen!

Die Geschäfte begannen sich ein wenig zu verwirren. Es tat not, eine genaue Bilanz aufzustellen und Ordnung hineinzubringen. Das wußten die Fosters, sie fühlten es, ihnen leuchtete ein, daß es nicht zu vermeiden war; sie wußten aber auch, daß diese Arbeit, wenn sie richtig und gründlich durchgeführt werden sollte, ohne Unterbrechung zu Ende gebracht werden mußte, nachdem sie einmal begonnen war. Eine Arbeit von zehn Stunden – doch wo sollten sie zehn ununterbrochene Mußestunden hernehmen? Tag für Tag verkaufte Sally von morgens bis abends Stecknadeln und Zucker und Kattun; Tag für Tag war Aleck von morgens bis abends damit beschäftigt, zu kochen, Geschirr zu spülen, zu fegen und Betten zu machen – ohne jegliche Hilfe, denn die Töchter wurden für die bessere Gesellschaft aufgespart. Die Fosters wußten freilich, daß es eine Möglichkeit gab, zu den zehn Stunden zu kommen – eine einzige. Beide genierten sich, davon zu reden – jeder wartete darauf, daß der andere es täte. Endlich sagte Sally:

»Einer von uns muß nachgeben. Ich nehme es also auf mich. Denke daran, daß ich es war – ob ich es laut ausspreche, ist ja wohl einerlei.«

Aleck errötete, war jedoch dankbar. Ohne ein weiteres Wort erfolgte ihr Fall. Sie erlagen der Versuchung – und schändeten den Sabbath. Denn das war ihr einziger Tag mit zehn freien Stunden. Es war nur ein weiterer Schritt auf dem Wege ihres moralischen Abstiegs. Andere würden folgen. Großer Reichtum bringt stets Versuchungen mit sich, die das sittliche

Fundament von Leuten, die nicht an ihn gewöhnt sind, unweigerlich und verhängnisvoll untergraben.

Sie zogen die Vorhänge herunter und schändeten den Sabbath. In harter, geduldiger Arbeit überprüften sie ihren Besitz und legten Verzeichnisse an. Es war eine lange Reihe beachtlicher Namen. Sie begann mit Eisenbahngesellschaften, Dampfschiffreedereien, Standard Oil, Ozeankabel-Anteilen, Telegraphenlinien und dergleichen; sie endete mit Klondike, De Beers, Tammany Hall-Schiebung und Schattenprivilegien bei der Postverwaltung.

Zweitausendvierhundert Millionen, sämtlich in guten Objekten angelegt, mündelsicher und zinsbringend! Einkommen: hundertzwanzig Millionen pro Jahr. Aleck ließ ein gedehntes, glücklich-zufriedenes Schnurren hören und sagte dann:

»Genügt es?«

»Es genügt, Aleck.«

»Was machen wir nun?«

»Wir lassen es gut sein.«

»Ziehen uns aus dem Geschäft zurück?«

»Das meine ich.«

»Mir soll es recht sein. Die Arbeit ist getan – machen wir eine lange Rastpause und freuen wir uns an unserem Geld.«

»Wie herrlich! – Aleck?«

»Ja, mein Lieber?«

» Wieviel dürfen wir von unserem Einkommen ausgeben?«

»Alles!«

Sally hatte das Gefühl, als fiele eine Zentnerlast von Ketten von seinen Gliedern. Er sagte kein Wort mehr – er war sprachlos vor Glück.

Von nun an schändeten sie jeden Sabbath, so schnell er nur anbrechen wollte. Es ist der erste Fehltritt, der zählt. Jeden Sonntag verbrachten sie die Zeit vom Frühgottesdienst bis in die Nacht mit Erfindungen – sie erfanden Möglichkeiten, ihr Geld auszugeben. Sie gingen so weit, diese herrliche Beschäftigung bis weit über die Mitternacht auszudehnen; bei jeder Sitzung verschwendete Aleck Millionen an großzügige Stiftungen und religiöse Unternehmen, und Sally verschwendete entsprechende Beträge für Dinge, denen er [anfangs noch] bestimmte Namen gab. Aber nur anfangs – später verloren die Namen ihre scharfen Umrisse, verblaßten, gerieten unter die Rubrik ›Diverses‹ und wurden schließlich auf eine sichere Art völlig unbeschreibbar. Denn Sally verlor den Halt. Das Ausgeben dieser Millionenbeträge trug spürbar und höchst schmerzhaft zur Erhöhung der Haushaltsausgaben bei – in Form von Talgkerzen. Eine Zeitlang machte Aleck sich Sorgen. Dann, bald darauf, hörte sie wieder auf, sich Sorgen zu machen – sie hatte keinen Anlaß mehr dazu. Es schmerzte sie, es bekümmerte sie, es erfüllte sie mit Scham; aber sie verlor kein Wort darüber, und so wurde es zur belanglosen Nebensächlichkeit. Sally brachte Kerzen mit – er bestahl den Laden. Aber so ist es immer. Ungeheurer Reichtum ist Gift für Leute, die nicht an ihn gewöhnt sind – ein Gift, das Fleisch und Gebein ihrer Moral zerfrißt. Solange die Posters arm waren, hätte man ihnen jede beliebige Menge Kerzen anvertrauen können. Nun dagegen – aber lassen wir das. Von Kerzen zu Äpfeln ist es nur ein Schritt. Sally begann, Apfel zu stehlen; dann Seife; dann Ahornzucker; dann Konserven; dann Geschirr. Wie leicht ist es nicht, vom Bösen ins noch Schlimmere zu geraten, wenn wir uns einmal auf den abschüssigen Pfad der Sünde begeben haben!

Inzwischen markierten noch andere Auswirkungen den Verlauf des großartigen finanziellen Aufstiegs der Familie Foster. Das erträumte Ziegelhaus war einem imaginären steinernen

Gebäude mit schachbrettfarbigem Steildach gewichen, das zu gegebener Zeit verschwand und einer noch prächtigeren Behausung Platz machte – und so weiter und so fort. Haus um Haus, aus Luft gebaut, erhob sich höher, weitläufiger, schöner – und eines nach dem anderen verschwand wieder, bis unsere Träumer schließlich, in ihrer besten Zeit, in weiter Ferne zu leben glaubten – in einem ungeheuren, verschwenderisch eingerichteten Palast, der von dichtbelaubter Höhe auf eine großartige Szenerie aus Tal, Fluß und fernen, in getönten Dunst getauchten Hügeln hinabblickte; all dies war Privatbesitz, ausnahmslos Eigentum der Träumer; ein Palast, in dem es von livrierten Dienern wimmelte und der von berühmten und hochstehenden Gästen aus dem In- und Auslande, aus allen Hauptstädten der Welt bevölkert wurde.

Dieser Palast lag weit, weit gen Sonnenaufgang, in unermeßlicher, in astronomischer Ferne; in Newport, Rhode Island, dem Gelobten Land der vornehmen Gesellschaft, dem nur flüsternd genannten El Dorado der amerikanischen Aristokratie. Gewöhnlich verbrachten sie einen Teil jedes Sonntags – nach dem Frühgottesdienst – in diesem Prunkbau; den Rest des Tages verbrachten sie in Europa oder verbummelten ihn auf ihrer eigenen Jacht. Sechs Tage gemeiner und mühevoller Alltagswirklichkeit am schäbigen Stadtrand von Lakeside und in engen Verhältnissen, der siebente im Land der Träume und Wunder – das war ihnen zum Programm und zur Gewohnheit geworden.

In ihrem engen, beschränkten Alltagsleben blieben sie, was sie waren – arbeitsam, gewissenhaft, sorgfältig, nüchtern und sparsam. Sie hielten der kleinen presbyterianischen Kirchengemeinde die Treue, mühten sich fromm um ihren Vorteil und hielten sich mit allen Kräften des Geistes und der Seele an ihre erhabenen und zähen Lehren. In ihrem Traumdasein jedoch folgten sie den Verlockungen ihrer Phantasie, wie sie auch aussehen und sich verändern mochten. Alecks Vorstellungen waren zwar nicht besonders launenhaft oder vielgestaltig – Sallys dagegen umspannten ein weites Feld. In ihrem Traumleben trat Aleck in das Lager der Episkopal-Kirche über, ihrer zahlreichen Amtstitel wegen; dann wurde sie um der Kerzen und des Gepränges willen Anhängerin der anglikanischen Hochkirche; endlich wechselte sie, wie es wohl nicht zu vermeiden war, zum Katholizismus über, weil es da Kardinäle gab und noch mehr Kerzen. Aber diese Exkursionen waren nichts, wenn man sie mit denen Sallys verglich. Sein Traumleben war eine ständige, glühende und ununterbrochene Exaltation, und er hielt jeden Teil davon durch häufiges Wechseln frisch und funkelnd – den religiösen ebenso wie alle anderen. Seine Religionen ließ er sich besonders hart ankommen – er wechselte sie so oft wie sein Hemd.

Die Freigebigkeit, mit der die Fosters ihr Vermögen an ihre Phantasien verschwendeten, begann schon zu Anfang ihrer Prosperität und wuchs Schritt für Schritt mit ihren Mitteln. Mit der Zeit wurde sie geradezu ungeheuerlich. Sonntag für Sonntag ließ Aleck eine Universität bauen – oder zwei; dazu ein oder zwei Krankenhäuser; außerdem ein Rowton-Hotel oder dergleichen; überdies etliche Kirchen; dann und wann eine Kathedrale. Einmal sagte Sally in unpassendem und taktlosem Übermut: »Es muß ein kalter Tag gewesen sein, an dem sie keine Ladung Missionare einschiffte, die doch nur arglose Chinesen beschwatzt hätten, vierundzwanzigkarätigen Konfuzianismus gegen unechtes Christentum einzutauschen.«

Diese rohen und gemütlosen Worte kränkten Aleck zutiefst – weinend zog sie sich aus seiner Gegenwart zurück. Ihr Anblick griff Sally ans Herz; in seinem Schmerz und seiner Beschämung hätte er Welten dafür gegeben, seine unfreundliche Bemerkung zurücknehmen zu können. Keine Silbe des Vorwurfs war über ihre Lippen gekommen – und gerade das traf ihn. Nicht eine Andeutung, er solle nur sein eigenes Treiben betrachten – und dabei wären der Andeutungen so viele und so treffende möglich gewesen! Ihr großmütiges Schweigen zeitigte schnelle Vergeltung, denn es brachte ihn dazu, über sich selbst nachzudenken – es beschwor einen Geisterzug herauf, ein bewegtes Bild des Lebens, das er in diesen paar Jahren grenzenlosen Reichtums geführt hatte; und indem er dasaß und es nochmals überblickte, brannten seine Wangen, und seine Seele war zutiefst gedemütigt. Man betrachte nur ihr Leben, wie rein es war – immer dem Himmel zugewandt; und dann das seine – wie leichtfertig und mit niederer Eitelkeit befrachtet, wie selbstsüchtig, wie leer, wie bar aller Noblesse! Und wohin führte es? Nie zum Himmel, sondern abwärts, ständig abwärts!

Immer wieder verglich er die Liste ihrer Taten mit den seinen. Er war es gewesen, der etwas an ihr auszusetzen gefunden hatte, so ging es ihm durch den Kopf – ausgerechnet er! Aber was konnte er denn für sich selbst ins Feld führen? Was hatte er getan, als sie ihre erste Kirche bauen ließ? Andere blasierte Multimillionäre zu einem Poker-Klub versammelt und seinen eigenen Palast damit verunehrt; Hunderttausende hatte er bei jedem Spiel verloren und war in seiner Torheit auf den Ruhm und die Bewunderung, die er sich damit erwarb, noch stolz gewesen. Was hatte er getan, als sie ihre erste Universität errichtete? Sich einem ausgelassenen, wüsten Geheimleben ergeben, in Gesellschaft von anderen Lebemännern, Multimillionären an Geld und Bettlern an Charakter. Was hatte er getan, als sie ihr erstes Waisenhaus stiftete? Du lieber Himmel! Als sie ihre ehrenwerte ›Gesellschaft zur Reinerhaltung des Geschlechtslebens‹ gründete, was hatte er da getan? Ja – was hatte er da getan? Als sie im Verein mit der ›Temperenzler-Union Christlicher Frauen‹ und der ›Frau mit der Streitaxt‹ in unaufhaltsamem Vormarsch die unheildrohende Flasche aus dem Lande fegte, was hatte er da getan? Dreimal am Tage hatte er sich bezecht. Als sie, die Erbauerin von hundert Kathedralen, zum Dank im Vatikan empfangen, gesegnet und mit der Goldenen Rose ausgezeichnet wurde, die sie auf so ehrenvolle Weise verdient hatte, was tat er da? Er sprengte die Bank von Monte Carlo.

Er hielt inne. Es war ihm unmöglich, weiterzudenken – das Weitere zu ertragen. Er erhob sich; ein großer Entschluß drängte sich ihm auf die Lippen – sein verborgenes Leben zu enthüllen und zu beichten. Nein – er konnte es nicht im geheimen weiterführen; er würde zu ihr gehen und ihr alles erzählen.

Und das tat er. Er erzählte ihr alles; er weinte sich an ihrem Busen aus – er schluchzte, stöhnte und bettelte um Verzeihung. Für sie war es ein schwerer Schlag, dessen Wucht sie taumeln machte – aber er war ihr Gatte, die Sehnsucht ihres Herzens, die Wohltat ihrer Augen, ihr ein und alles; sie konnte ihm nichts abschlagen, und so verzieh sie ihm. Zwar fühlte sie, er würde ihr nie wieder ganz das gleiche bedeuten wie zuvor; sie wußte, daß er nur bereute, ohne sich bessern zu können – und dennoch: So entstellt und verkommen er in sittlicher Hinsicht auch sein mochte, war er denn nicht ihr eigen, ganz ihr eigen, der Abgott ihrer nie endenden Anbetung? So bekannte sie, daß sie ihm untertan war, seine Sklavin – sie öffnete ihr verlangendes Herz und schloß ihn darin ein.

VII

Bald darauf segelten sie eines Sonntagnachmittags in ihrer Traumjacht über das sommerliche Meer und streckten sich in müßigem Behagen unter dem Sonnensegel des Achterdecks. Beide schwiegen, denn sie waren mit ihren eigenen Gedanken beschäftigt. Schweigepausen dieser Art waren in letzter Zeit ganz unvermerkt immer häufiger eingetreten – die alte, herzliche Vertrautheit schwand dahin. Sallys entsetzliches Geständnis hatte seine Wirkung nicht verfehlt. Zwar hatte Aleck sich bemüht, die Erinnerung daran aus ihrem Gedächtnis zu vertreiben, aber es gelang ihr nicht – Scham und Verbitterung darüber vergifteten ihr angenehmes Traumleben. Jetzt [an den Sonntagen] sah sie förmlich, wie ihr Mann sich in ein aufgeblasenes, abstoßendes Ding verwandelte. Sie konnte ihre Augen nicht davor verschließen, und schon zu dieser Zeit sah sie ihn [sonntags] nicht mehr an, wenn es sich irgend vermeiden ließ.

Und sie – war sie denn selbst ohne Tadel? Ach – sie wußte, sie war es nicht. Sie hatte ein Geheimnis vor ihm, sie war nicht offen und ehrlich, und das machte ihr viel Kummer. Sie hatte die Übereinkunft gebrochen – und sie verheimlichte es ihm. Sie war der übermächtigen Versuchung erlegen und wieder ins Geschäft zurückgekehrt. Indem sie sämtliche Eisenbahnlinien und alle Kohle- und Stahlgesellschaften des Landes in einem gewagten Handstreich aufkaufte, hatte sie ihr gesamtes Vermögen aufs Spiel gesetzt – und nun zitterte sie [sonntags] von Stunde zu Stunde, er könnte es durch ein unbedachtes Wort, das ihr entschlüpfte, erfahren. In ihrem Kummer und ihrer Reue über diesen Verrat konnte sie es nicht verhindern, daß ihr Herz sich ihm voll Mitleid näherte; sie machte sich heftige Vorwürfe, wenn sie ihn liegen sah – zufrieden, betrunken und völlig arglos. Völlig arglos, denn er vertraute ihr uneingeschränkt und aus ganzer Seele – und sie ließ über seinem Haupte am seidenen Faden ein Verhängnis schweben das möglicherweise so verheerend …

»Aleck – hörst du?«

Die Worte unterbrachen ihre Gedanken und brachten sie plötzlich wieder zu sich. Sie war dankbar dafür, von diesen quälenden Dingen abgelenkt zu werden, und so lag viel von ihrer früheren Zärtlichkeit in ihrer Stimme, als sie antwortete: »Ja, Lieber?«

»Weißt du, Aleck – ich glaube, wir machen einen Fehler; das heißt, du machst ihn. Ich meine, in dieser Heiratsangelegenheit.« Er richtete sich auf, feist wie ein Frosch, gutmütig wie ein bronzener Buddha, und wurde ernst. »Bedenke doch nur – es sind jetzt schon über fünf Jahre. Deine Taktik war von Anfang an dieselbe: Bei jedem Aufschwung hast du dein Ziel um fünf Punkte weiter gesteckt. Immer wenn ich glaubte, wir könnten Hochzeit feiern, hast du eine größere Sache ins Auge gefaßt – und ich wurde wieder einmal enttäuscht. Mir scheint, es ist fast unmöglich, dich zufriedenzustellen. Aber eines Tages sitzen wir da. Zuerst haben wir dem Zahnarzt und dem Anwalt einen Korb gegeben. Das war in Ordnung – es war vernünftig. Dann ließen wir den Sohn des Bankiers und den des Fleischkonserven-Fabrikanten fallen – wieder in Ordnung und vernünftig. Danach lehnten wir die Söhne des Kongreß-Abgeordneten und des Gouverneurs ab – zugegeben, es war richtig, wie nur etwas richtig sein kann. Darauf kamen der Sohn des Senators und der Sohn des Vizepräsidenten der Vereinigten Staaten an die Reihe – völlig in Ordnung, denn diese kleinen Ämter sind schließlich nicht von Dauer. Du gingest zur Aristokratie über, und ich glaubte, wir wären nun endlich auf Öl gestoßen – in der Tat, das glaubte ich. Wir würden einen Angriff auf die oberen Vierhundert unternehmen und uns eine alte Familie herausfischen, in einhundertfünfzigjähriger Vergangenheit gereift, seit einem vollen Jahrhundert von den Gerüchen ihrer Vorfahren nach gesalzenem Kabeljau und Häuten gereinigt und seither nicht einmal von der Arbeit eines einzigen Tages beschmutzt – und dann, nun ja, dann konnte geheiratet werden. Aber nein – da kommen zwei echte Adlige aus Europa des Weges, und stracks kehrst du den halbwegs Bürgerlichen den Rücken. Das hat mich schrecklich entmutigt, Aleck! Und seither – nein, welch eine Prozession! Um zweier Barone willen hast du die Baronets abgewiesen; um zweier Vicomtes willen die Barone; um zweier Grafen willen die Vicomtes; um zweier Marquis' willen die Grafen; um zweier Herzöge willen die Marquis'. Jetzt heißt es einkassieren, Aleck – du hast alle Trümpfe ausgespielt. Schließlich hast du einen Ramsch von vier Herzögen zu verauktionieren – aus vier Ländern; alle mit gesunder Verdauung, gesunden Gliedern und gesunder Ahnentafel; alle bankrott und bis über die Ohren in Schulden. Sie kommen teuer, aber wir können es uns ja leisten. Also, Aleck – zögere die Geschichte nicht weiter hinaus und mach der Spannung ein Ende: Nimm das ganze Angebot und laß die Mädchen ihre Wahl treffen.«

Aleck hatte sanft und zufrieden gelächelt, während er diese Anklage gegen ihre Ehepolitik vorbrachte; dann erschien – wie Siegesfreude, hinter der vielleicht eine erfreuliche Überraschung hervorschaut – ein vergnugtes Leuchten in ihren Augen, und sie sagte so gelassen, wie sie nur konnte:

»Sally, bitte, was hieltest du von – königlicher Verwandtschaft?«

Unfaßbar! Der arme Mann – es versetzte ihm einen regelrechten Schlag; er fiel über das Kieldeck und stieß sich das Schienbein an den Ankerblöcken. Sekundenlang drehte sich alles um ihn; dann faßte er sich wieder, kam herbeigehinkt und setzte sich zu seiner Frau; aus seinen tränennassen Augen strömte ihr die ganze Bewunderung und Zärtlichkeit von einst entgegen.

»Beim Himmel, Aleck«, sagte er voll Überzeugung, »du bist großartig – du bist die großartigste Frau auf der ganzen Welt! Deine Seelengröße – ich kann es nicht fassen! Ich werde deine unauslotbare Tiefe nie begreifen! Da habe ich nun dagesessen und mich für berechtigt gehalten, dein Spiel zu kritisieren. Ausgerechnet ich! – Wenn ich nur aufgehört hätte, mir Gedanken zu machen; schließlich hätte ich wissen sollen, daß du schon auf eigene Faust das Richtige in die Wege leitest. Aber nun, mein Herz – ich glühe vor Ungeduld – du mußt mir davon erzählen!«

Geschmeichelt und glücklich hob die Frau den Mund an sein Ohr und flüsterte einen fürstlichen Namen. Die Wirkung war, daß er den Atem anhielt und daß sein Gesicht vor Begeisterung aufleuchtete.

»Wetter und Strahl!« sagte er, »das ist ein toller Fang! Er hat eine Spielhölle, einen Friedhof, einen Bischof und eine Kathedrale – alles sein Eigentum, und alles durch und durch mündelsichere, fünfhundertprozentige Kapitalanlagen; es ist der netteste kleine Besitz in Europa. Und dann der Friedhof! – Es ist auf jeden Fall der exklusivste der Welt: Nur Selbstmörder werden zugelassen, jawohl; überdies ist er ständig für Neuzugänge gesperrt. Viel Land hat das Fürstentum allerdings nicht – aber es genügt: achthundert Morgen für den Friedhof und zweiundvierzig außerhalb. Es ist eben ein souveräner Staat,

und das ist die Hauptsache. Land allein besagt gar nichts – Land gibt es überall genug; in der Sahara sogar viel zu viel.«
Aleck strahlte, sie war überglücklich und sagte:
»Und sieh nur, Sally – es ist eine Familie, die nie außerhalb der Kaiser- und Königshäuser Europas geheiratet hat. Unsere Enkel werden auf Thronen sitzen!«
»Tatsächlich, Aleck – und dazu noch Szepter tragen, mit denen sie so ungezwungen und selbstverständlich umgehen werden wie ich mit der Elle. Ein großartiger Fang, Aleck! Aber – du hast ihn doch sicher? Er kann uns nicht mehr entwischen? Es ist doch kein Risiko in diesem Geschäft?«
»Aber nein – was das betrifft, kannst du dich auf mich verlassen. Er steht nicht auf der Soll-, sondern fest auf der Habenseite. Der andere übrigens auch.«
»Und wer ist es, Aleck?«
»Seine königliche Hoheit Sigismund-Siegfried Lauenfeld-Dinkelsbühl-Schwartzenberg-Blutwurst, Erbgroßherzog von Katzenjammer.«
»Wie? Das kann doch nicht dein Ernst sein!«
»Aber gewiß doch«, antwortete sie, »so wahr ich hier sitze; ich gebe dir mein Wort darauf.«
Nun war das Maß voll – er preßte sie vor Seligkeit an sein Herz und sagte:
»Wie wunderbar das alles klingt – und wie herrlich! Es ist eines der ältesten und vornehmsten der dreihundertvierundsechzig herkömmlichen deutschen Fürstenhäuser – und dazu eines der wenigen, die ihren königlichen Besitz behalten durften, nachdem Bismarck die anderen so weidlich gerupft hatte. Ich kenne das Land – ich war einmal dort. Es gibt darin eine Seilerbahn, eine Kerzenfabrik und ein Heer – ein stehendes Heer! Infanterie und Kavallerie – drei Soldaten und ein

Pferd. Aleck – diese Wartezeit war lang und voll Gram, voll unerfüllter Hoffnungen – aber weiß Gott, jetzt bin ich glücklich. Glücklich und vor allem dir dankbar, du Liebe – dir, die das alles zustandegebracht hat. Wann ist es denn so weit?«
»Am nächsten Sonntag.«
»Das ist gut. Aber wir verlangen, daß auf die königlichste Art geheiratet wird, die es gibt. Das steht dem königlichen Blut der beteiligten Parteien von rechts wegen zu. Soviel ich weiß, gibt es nur eine Art der Heirat, die sich mit dem Königtum verträgt und nur unter Königen möglich ist – das ist die morganatische.«
»Warum heißt sie so, Sally?«
»Das weiß ich nicht – aber sie ist jedenfalls königlich, und zwar ausschließlich königlich.«
»Dann werden wir darauf bestehen. Mehr noch – ich werde sie erzwingen. Morganatische Heirat – oder überhaupt keine!«
»Damit ist es entschieden«, erklärte Sally und rieb sich die Hände vor Begeisterung. »Außerdem ist es die allererste in ganz Amerika. Aleck – ganz Newport wird platzen vor Neid!«
Sie verstummten; die Schwingen ihrer Träume trugen sie davon in ferne Weltgegenden, um alle gekrönten Häupter mitsamt ihren Familien einzuladen und unberechnete Reisegelegenheit für sie zu beschaffen.

VIII

Drei Tage lang wandelten beide in der Luft, die Köpfe in den Wolken. Ihrer Umgebung waren sie sich nur vage bewußt – sie nahmen alle Dinge nur verschwommen wahr, wie durch einen Schleier; in Träume eingesponnen, hörten sie oft nicht, daß sie angesprochen wurden; wenn sie es hörten, verstanden sie nicht; sie antworteten wirr oder aufs Geratewohl; Sally verkaufte Sirup nach Gewicht, Zucker nach Ellen und brachte Seife herbei, wenn Kerzen verlangt worden waren; Aleck steckte die Katze in den Wäschebeutel und fütterte das schmutzige Bettzeug mit Milch. Jedermann war erstaunt und verwundert und fragte sich im stillen: »Was mag nur mit den Fosters los sein?«

Drei Tage – dann kamen große Ereignisse! Die Geschäfte ließen sich glücklich an – schon seit achtundvierzig Stunden erlebte Alecks imaginäre Spekulation einen wahren Boom. Hinauf – hinauf – immer weiter hinauf! Der Nennwert war überschritten. Fünf Punkte über Preis – dann zehn – fünfzehn – zwanzig! Zwanzig Punkte blanker Profit bei ungeheuerlichem Einsatz – schon führten Alecks imaginäre Makler aufgeregt imaginäre Ferngespräche und riefen:

»Verkaufen! Verkaufen! Um des Himmels willen – verkaufen!« Sie gab die herrlichen Nachrichten an Sally weiter, und auch er riet ihr: »Verkaufe, verkaufe – wenn du jetzt keinen Fehler machst, gehört dir die Welt – verkaufe, verkaufe!« Aber sie bestand, wie am Großmast festgezurrt, auf ihrem eisernen Willen und erklärte, sie werde noch weitere fünf Punkte abwarten, koste es, was es wolle.

Der Entschluß war verhängnisvoll. Schon am nächsten Tag kam der historische Kram, der ungeheuerliche Krach, der verheerende Krach, bei dem Wall Street den Boden unter den Füßen verlor, auch die sichersten Kapitalanlagen in einem Zeitraum von fünf Stunden sämtlich um fünfundneunzig Punkte fielen und man Multimillionäre in der Bowery um Brot betteln sehen konnte. Aleck blieb standhaft und kämpfte unbeirrt, solange sie konnte – aber dann stand sie doch vor einer Forderung, die sie nicht erfüllen konnte, und ihre imaginären Makler ließen sie im Stich. Erst in diesem Augenblick schwand ihre Mannhaftigkeit – die Frau in ihr gewann wieder die Oberhand. Sie legte die Arme um den Hals ihres Mannes und sagte weinend:

»Es ist meine Schuld – sag jetzt nicht, daß du mir verzeihst; ich ertrüge es nicht. Wir sind Bettler! Bettler – ach, ich bin so unglücklich. Aus den Hochzeiten kann nun auch nichts werden; all das ist vorbei – wir könnten jetzt nicht einmal mehr den Zahnarzt kaufen!«

Bittere Vorwürfe lagen Sally auf der Zunge – ›habe ich dich nicht angefleht, zu verkaufen? Aber du …‹ –, doch er sprach sie nicht aus; er hatte nicht das Herz, dieser gebrochenen, reuigen Seele noch einen weiteren Schmerz zuzufügen. Dann kam ihm ein besserer Gedanke, und er sagte:

»Fasse dich, Aleck – noch ist nicht alles verloren! Denn in Wirklichkeit hast du nie auch nur einen Penny aus der Erbschaft meines Onkels investiert, sondern nur eine Zukunft, die noch nicht wirklich geworden war; wir haben nichts verloren als den Gewinn, den wir mit Hilfe deines unvergleichlichen Urteilsvermögens in Gelddingen und deiner Weisheit aus dieser Zukunft gezogen hatten. Tröste dich und laß von deinem Kummer ab – die Dreißigtausend sind noch immer unangerührt; und bedenke nur, was du mit der Erfahrung, die du dir inzwischen erworben hast, in ein paar Jahren wirst anfangen können! Die Hochzeiten sind nicht vertan – sie sind nur aufgeschoben.«

Das waren wohltuende Worte. Wie wahr sie waren, sah Aleck ein – sie übten einen belebenden Einfluß auf sie. Ihre Tränen versiegten, und ihre große Seele richtete sich wieder zu voller Höhe auf. Mit leuchtenden Augen und dankbarem Herzen, die Hände wie zu Gelöbnis und Prophezeiung erhoben, sagte sie:

»Jetzt und hier erkläre ich ...«

Doch sie wurde unterbrochen – durch einen Besucher. Es war der Inhaber und Herausgeber des *Sagamore,* der sich zufällig in Lakeside aufhielt, um einer obskuren Großmutter, die sich dem Ende ihrer Pilgerfahrt näherte, einen Pflichtbesuch abzustatten. In der Absicht, bei allem Kummer das Geschäft nicht zu vergessen, hatte er die Fosters aufgesucht, die in den vergangenen vier Jahren so sehr mit anderen Dingen beschäftigt gewesen waren, daß sie nie daran gedacht hatten, ihre Abonnementsgebühren zu bezahlen. Eine Schuld von sechs Dollar. Kein Besucher hätte willkommener sein können. Er mußte alles über Onkel Tilbury wissen – wie es um seine Aussichten in Richtung Friedhof bestellt war. Natürlich durften sie keine Fragen stellen, mit denen die Erbschaft hinfällig würde – sie konnten das Thema allenfalls anklingen lassen und hoffen, daß etwas dabei herauskam. Aber ihr Vorhaben schlug fehl. Der Herausgeber war beschränkt genug, nicht zu merken, daß man ihn ausholen wollte. Doch endlich brachte der Zufall zuwege, was der Kunstfertigkeit nicht gelungen war. Um einen Gesprächsgegenstand, der die Unterstützung durch eine Metapher nötig hatte, zu illustrieren, sagte der Herausgeber:

»Tatsächlich, es ist zäh wie Tilbury Foster – wie man bei uns sagt!«

Das kam plötzlich und ließ die Fosters hochfahren. Der Herausgeber bemerkte es und entschuldigte sich:

»Seien Sie versichert, ich wollte niemanden kränken. Es ist nur eine Redensart, ein Scherz, Sie verstehen – es hat nichts zu bedeuten. Ein Verwandter von Ihnen?«

Sally unterdrückte seine brennende Neugierde und erwiderte mit aller Gleichgültigkeit, die er aufzubringen vermochte:
»Ich – nun, nicht daß ich wüßte, aber wir haben von ihm gehört.« Der Herausgeber war dankbar und fand zu seiner Haltung zurück. Sally fügte hinzu: »Ist er – geht es ihm gut?«
»Ob es ihm gut geht? Du lieber Gott, er schmort doch jetzt schon seit fünf Jahren im Fegefeuer!«
Die Fosters erbebten vor Kummer – einem Kummer, der fast der Freude glich. Unverbindlich tastend sagte Sally:
»Nun ja, so ist das Leben. Keiner kommt davon – nicht einmal die Reichen bleiben verschont.«
Der Herausgeber lachte.
»Wenn Sie Tilbury zu den Reichen zählen«, sagte er, »sind Sie auf dem falschen Weg. Er hatte keinen Cent; die Stadt mußte für sein Begräbnis aufkommen.« Zwei volle Minuten lang saßen die Fosters wie versteinert da – kalt und erstarrt. Dann fragte Sally mit fahlem Gesicht und kaum hörbarer Stimme:
»Ist das wahr? – Sind Sie sicher, daß es wahr ist?«
»Das sollte ich meinen! Ich gehörte selbst zu den Testamentsvollstreckern. Er hatte nichts zu vererben als eine Schubkarre, und die hinterließ er mir. Sie hatte kein Rad und war völlig wertlos. Immerhin – es war mehr als nichts, und um es zu vergelten, schrieb ich so etwas wie einen kleinen Nachruf auf ihn. Aber er wurde durch irgendeine andere Nachricht verdrängt.«
Die Fosters hörten nicht zu. Ihr Maß war voll – mehr konnte es nicht fassen. Gesenkten Hauptes saßen sie da, fühllos gegenüber allen Dingen außer der Qual in ihren Herzen.
Eine Stunde später. Immer noch saßen sie reglos, gebeugt, schweigend. Der Besucher war längst gegangen – sie hatten es nicht bemerkt.

Dann erst regten sie sich, hoben mühsam die Köpfe und starrten einander an – in Gedanken verloren, traumverwirrt; schließlich begannen sie unzusammenhängend und kindisch aufeinander einzureden. Zwischendurch verfielen sie in Schweigen, ohne den Satz zu beenden; ganz offensichtlich bemerkten sie es nicht oder verloren den Faden. Nur dann und wann, wenn sie aus ihrem Schweigen erwachten, kam ihnen trübe und flüchtig in den Sinn, daß mit ihrem Verstand irgend etwas geschehen sein mußte; dann streichelten sie einander in stummer und sehnsuchtsvoller Besorgnis die Hände, als wollten sie, sich gegenseitig tröstend und stützend, damit sagen: ›Ich bin bei dir – ich verlasse dich nicht; wir tragen es gemeinsam. Irgendwo gibt es Erlösung und Vergessen – irgendwo gibt es Frieden und ein Grab; hab nur Geduld, es wird nicht lange dauern.‹

Noch zwei Jahre lebten sie in geistiger Umnachtung, ständig brütend, versunken in unbestimmtes Bedauern und melancholische Träume, ohne auch nur ein Wort zu sprechen – dann kam für beide die Erlösung am gleichen Tage.

Als das Ende sich näherte, lichtete sich für einen Augenblick die Finsternis in Sallys zerstörtem Verstand, und er sagte: »Unübersehbarer Reichtum, auf plötzliche und ungesunde Art erworben, ist ein Fallstrick. Er hat uns nichts Gutes gebracht. Vergänglich waren seine fieberhaften Freuden – und dennoch haben wir um seinetwillen unser schönes, einfaches und glückliches Leben weggeworfen. Möge es anderen zur Warnung dienen!« Eine Weile lag er schweigend, die Augen geschlossen; doch als die Kälte des Todes an sein Herz herankroch und das Bewußtsein aus seinem Hirn zu schwinden begann, flüsterte er:

»Das Geld hat ihm Unglück gebracht – und er rächte sich an uns, obwohl wir ihm nichts zuleide getan hatten. Er wußte, was er wollte: Mit gemeiner und schlauer Berechnung hinterließ er uns nicht mehr als Dreißigtausend; er wußte, daß wir versuchen würden, sie zu vermehren – daß es unser Leben zerstören und uns das Herz brechen würde. Uns so viel zu hinterlassen, daß wir keinerlei Verlangen nach mehr verspürt hätten – daß wir weit über der Versuchung gestanden hätten, uns in unsichere Geschäfte einzulassen – hätte ihm nicht mehr Unkosten verursacht, und eine gütigere Seele hätte es gewiß getan; aber er kannte keine Großzügigkeit, kein Mitleid, kein …«

DIE EINE-MILLION-PFUND-NOTE

Mit siebenundzwanzig Jahren war ich Buchhalter bei einem Minenmakler in San Francisco und in allen Kniffen des Börsengeschäfts wohl beschlagen. Ich stand allein in der Welt und hatte weiter keinen Rückhalt als meinen Verstand und einen makellosen Ruf; aber diese hatten mich auf den Weg zu künftigem Vermögen gebracht, und ich war mit meinen Aussichten zufrieden.

Den Samstagnachmittag hatte ich immer frei und verbrachte ihn gewöhnlich in der Bucht auf einem kleinen Segelboot. Eines Tages wagte ich mich zu weit hinaus und wurde auf das offene Meer getrieben. Gerade bei Einbruch der Dunkelheit, als ich die Hoffnung fast aufgegeben hatte, nahm mich eine kleine Brigg auf, die sich auf der Fahrt nach London befand. Es war eine lange, stürmische Reise, und ich mußte meine Überfahrt als gewöhnlicher Matrose abarbeiten, ohne Heuer zu bekommen. Als ich in London an Land ging, war meine Kleidung zerlumpt und zerschlissen, und ich hatte nur noch einen Dollar in der Tasche. Dieses Geld verschaffte mir Nahrung und Obdach für vierundzwanzig Stunden. Die nächsten vierundzwanzig hatte ich weder das eine noch das andere.

Am folgenden Morgen gegen zehn Uhr schlich ich abgeschlagen und hungrig durch Portland Place, als ein Kind im Schlepptau eines Kindermädchens vorüberkam und eine nur eben angebissene große, saftige Birne in den Rinnstein warf. Ich blieb natürlich stehen und heftete meinen verlangenden Blick auf diese beschmutzte Kostbarkeit. Das Wasser lief mir im Munde zusammen, mein Magen knurrte, mit allen Fasern meines Körpers lechzte ich nach der Birne. Aber jedesmal, wenn ich mich bückte, um sie aufzuheben, entdeckte das Auge eines Vorübergehenden meine Absicht, und ich richtete mich dann jedesmal auf, schaute unbeteiligt drein und tat so, als hätte ich überhaupt nicht an die Birne gedacht. Der Vorgang wiederholte sich immer wieder, und ich konnte die Birne nicht erwischen. Ich war schon so verzweifelt, daß ich aller Scham zum Trotz die Birne einfach aufzuheben gedachte, als hinter mir ein Fenster aufging, aus dem mich ein Herr anrief:

»Kommen Sie bitte herein!«

Ein prächtig livrierter Lakai ließ mich ein und führte mich in ein kostbar eingerichtetes Zimmer, wo zwei ältere Herren saßen. Sie schickten den Diener fort und hießen mich Platz nehmen. Sie hatten gerade ihr Frühstück beendet, und der Anblick der Reste überwältigte mich fast. Angesichts dieser Speisen konnte ich kaum meinen Verstand zusammenhalten, doch da man mich nicht zum Zugreifen aufforderte, mußte ich mit meiner Not so gut wie möglich fertigwerden.

Nun war hier kurz zuvor etwas geschehen, wovon ich erst viele Tage später erfahren sollte, aber ich will jetzt schon darüber berichten. Die zwei alten Herren, es waren Brüder, waren ein paar Tage vorher in einen ziemlich hitzigen Streit geraten und hatten sich schließlich dahin geeinigt, ihn durch eine Wette zu entscheiden. Das ist die englische Art, Meinungsverschiedenheiten auszutragen.

Sie werden sich erinnern, dass die Bank von England einmal zwei Banknoten zu je einer Million Pfund ausgab, die für einen besonderen Zweck im Zusammenhang mit einer staatlichen Transaktion mit dem Ausland Verwendung finden sollten. Aus irgendeinem Grunde war nur eine der Noten gebraucht und dann entwertet worden; die andere lag immer noch in den Tresorräumen der Bank. Nun, als die Brüder sich so unterhielten, tauchte zufällig die Frage auf, wie es wohl einem vollkommen ehrlichen und intelligenten Fremden ergehen würde, den man in London seinem Schicksal überließe, ohne Freund und ohne Geld, mit Ausnahme dieser Million-Pfund-Note, über deren Herkunft er keine Rechenschaft ablegen könnte. Bruder A meinte, der Fremde würde verhungern; Bruder B sagte, er würde nicht verhungern. Bruder A meinte, er könnte sie weder bei einer Bank noch sonst wo vorlegen, weil man ihn auf der Stelle verhaften würde. So stritten sie weiter, bis Bruder B schließlich sagte, er wette zwanzigtausend Pfund, dass der Mann auf irgendeine Weise dreißig Tage von dieser Million leben würde, und zwar ohne ins Gefängnis zu kommen. Bruder A nahm die Wette an. Bruder B suchte die Bank auf und kaufte die Note. Sie sehen, ein echter Engländer: konsequent bis zum letzten. Darauf diktierte er einen Brief, den einer seiner Schreiber in schöner Rundschrift ausfertigte, und dann setzten sich die Brüder einen ganzen Tag lang ans Fenster und schauten nach einem geeigneten Empfänger aus. Sie sahen viele ehrliche Gesichter vorüberziehen, die aber nicht intelligent genug wirkten; viele waren intelligent, aber nicht ehrlich genug; viele waren beides, aber die Besitzer waren nicht arm genug, oder wenn sie arm genug waren, so waren es keine Fremden. Irgend etwas fehlte immer, bis ich vorbeikam; aber bei mir waren sie sich einig, dass ich den gestellten Bedingungen voll entspräche; also erwählten sie mich einstimmig, und da saß ich nun und wartete darauf, zu erfahren, warum man mich hereingerufen hatte. Zunächst fragten sie mich über mich selbst aus und kannten bald meine ganze Geschichte. Schließlich erklärten sie mir, ich genügte ihren Anforderungen. Ich sagte, das freue mich aufrichtig, und erkundigte mich, worum es sich handele. Da überreichte mir einer der Brüder einen Umschlag mit dem Hinweis, ich würde die Erklärung darin finden. Ich wollte ihn gleich öffnen, aber er hinderte mich daran und hieß mich, den Brief mit nach Hause zu nehmen, ihn sorgfältig durchzulesen und nichts zu übereilen. Ich war verwirrt und wollte die Angelegenheit noch etwas eingehender erörtern, aber sie ließen sich nicht darauf ein. Also verabschiedete ich mich, verletzt und gekränkt, denn man hatte mich anscheinend zum Gegenstand eines faulen Scherzes gemacht, und ich mußte ihn hinnehmen, weil es Leuten in meiner Lage nicht vergönnt ist, Beleidigungen reicher und mächtiger Leute zurückzuweisen.

Jetzt hätte ich die Birne aufgehoben und vor aller Welt gegessen, aber sie war weg; sie war mir also durch diese unglückselige Geschichte entgangen, und dieser Gedanke milderte meine Gefühle gegenüber jenen Männern keineswegs. Sobald ich außer Sichtweite des Hauses gelangt war, riß ich den Umschlag auf und sah, dass er Geld enthielt! Meine Meinung über diese Leute änderte sich, das kann ich versichern! Ich verlor keinen Augenblick, schob Brief und Geld in meine Westentasche und suchte schleunigst das nächste billige Gasthaus auf. Oh, dort aß ich erst mal! Als schließlich nichts mehr in mich hineinging, zog ich meinen Geldschein hervor, entfaltete ihn, warf einen Blick darauf und fiel fast in Ohnmacht. Fünf Millionen Dollar! Mir schwindelte.

Ich muß wohl eine Minute lang betäubt dagesessen und die Note immer wieder neu angestarrt haben, bevor ich wieder zu mir kam. Das erste, was ich dann bemerkte, war der Wirt. Sein Blick hing an der Note, er selbst war zu Stein erstarrt. Er betete sie an, mit Leib und Seele, aber er sah aus, als könnte er kein Glied mehr rühren. Sofort begriff ich, welche Rolle ich zu spielen hatte, und tat das einzig Vernünftige, was mir übrigblieb. Ich reichte ihm die Banknote hin und sagte gleichmütig: »Geben Sie mir bitte heraus!«

Das brachte ihn wieder zu sich, und er nannte tausend Entschuldigungen dafür, dass er nicht imstande sei, den Schein zu wechseln. Ich konnte ihn nicht einmal dazu bringen, die Note zu berühren; er wollte sie nur anschauen und immer nur anschauen; offenbar konnte er sich an ihr gar nicht sattsehen, aber er schrak davor zurück, sie zu berühren, als wäre sie zu heilig, um von gewöhnlichen Sterblichen angetastet zu werden.

Ich sagte: »Es tut mir leid, wenn es Ihnen Umstände macht, aber ich muß darauf bestehen. Bitte wechseln Sie ihn; ich habe kein anderes Geld.«

Aber er erklärte, das mache doch gar nichts; er sei gern bereit, die Kleinigkeit bis zum nächsten Mal anstehen zu lassen. Ich wandte ein, ich käme vielleicht für längere Zeit nicht mehr in diese Gegend; aber er versicherte mir, das sei schon recht, er könne warten, und außerdem könne ich jederzeit alles haben, was ich wolle, und die Rechnung so lange anstehen lassen, wie es mir gefalle. Er wolle nicht hoffen, dass es ihm einmal einfallen könnte, Bedenken zu haben, einem so reichen Herrn wie mir zu vertrauen, nur weil ich zum Scherzen aufgelegt sei und die Leute durch meinen Aufzug etwas an der Nase herumzuführen beliebe. Jetzt trat ein neuer Gast ein, und der Wirt gab mir einen Wink, das Monstrum wegzustecken; dann geleitete er mich unter Bücklingen bis zur Tür, und ich ging spornstreichs zu jenem Haus zurück, um das Versehen der Brüder aufzuklären, bevor die Polizei mich aufstöberte und mir dabei half. Ich war ziemlich nervös, ja, ich hatte sogar reichlich Angst, obwohl ich natürlich gar keine Schuld trug; aber ich kannte die Menschen gut genug, um zu wissen, dass sich ihr rasender Zorn gegen den Landstreicher richten würde, dem sie aus Versehen eine Eine-Million-Pfund-Note statt einer Ein-Pfund-Note gegeben hatten, statt von Rechts wegen ihre eigene Kurzsichtigkeit zu verfluchen. Als ich mich dem Hause näherte, legte sich meine Aufregung etwas, denn hier war alles ruhig, und das machte mich ziemlich sicher, dass der Irrtum noch nicht entdeckt worden war. Ich läutete. Derselbe Diener erschien. Ich fragte nach den Herren.

»Sie sind fort.« In dem kaltschnäuzigen Ton, den Burschen dieser Sorte an sich haben.

»Fort? Wohin?«

»Verreist.«

»Aber wohin?«

»Ich glaube, nach dem Kontinent.«

»Dem Kontinent?«

»Ja, Sir.«

»In welche Richtung – auf welcher Route?«

»Das weiß ich nicht, Sir.«

»Wann sind sie zurück?«

»In einem Monat, sagten sie.«

»In einem Monat! Das ist ja furchtbar! Geben Sie mir doch einen Rat, wie ich ihnen eine Nachricht zukommen lassen kann. Es ist äußerst wichtig.«

»Ich kann es wirklich nicht, Sir. Ich habe keine Ahnung, wohin sie gefahren sind, Sir.«

»Dann muß ich jemand von der Familie sprechen.«

»Die Familie ist auch fort; sie ist seit Monaten im Ausland – ich glaube, in Ägypten und Indien.«

»Mann, ihnen ist ein ungeheurer Irrtum unterlaufen. Die Herren werden noch vor Abend zurück sein. Sagen Sie ihnen, bitte, ich sei hier gewesen und werde immer wiederkommen, bis die Sache in Ordnung gebracht ist, und sie brauchen sich nicht zu beunruhigen.«

»Ich werde es ausrichten, falls sie zurückkommen, aber ich erwarte sie nicht. Die Herren sagten, Sie würden in einer Stunde hier sein, um sich zu erkundigen, aber ich solle Ihnen bestätigen, es habe alles seine Richtigkeit, sie würden rechtzeitig zurückkehren und Sie erwarten.«

Ich mußte es also aufgeben und meiner Wege gehen. Wie rätselhaft war das doch alles! Mir war, als müße ich den Verstand verlieren. Sie wollten »rechtzeitig zurückkehren«. Was konnte das bedeuten? Ach, der Brief würde vielleicht alles erklären. Ich hatte ja den Brief vergessen; ich holte ihn heraus und las ihn durch. Er lautete wie folgt:

»Sie sind ein intelligenter und ehrlicher Mensch, das sieht man Ihnen am Gesicht an. Wir vermuten, dass Sie arm und hier fremd sind. Beigefügt finden Sie eine Geldsumme. Wir leihen sie Ihnen zinslos auf dreißig Tage aus. Erstatten Sie nach Ablauf der Frist in diesem Hause Bericht. Ich habe auf Sie gewettet. Gewinne ich, sollen Sie jede Stellung erhalten, über die ich verfüge – das heißt jede, mit der Sie sich genügend vertraut erweisen und der Sie sich gewachsen zeigen.«

Keine Unterschrift, keine Adresse, kein Datum.

Nun, da saß ich ja schön in der Klemme! Der Leser ist ja im Bilde, was dem allen vorangegangen war, aber ich war es nicht. Für mich stellte das Ganze ein tiefes, dunkles Rätsel dar. Ich hatte nicht die geringste Ahnung, was dahintersteckte oder ob man mir schaden oder helfen wollte. Ich ging in einen Park und setzte mich hin, um darüber nachzudenken und zu überlegen, was ich tun sollte.

Nach einer Stunde hatten sich meine Gedankengänge zu folgendem Urteil verdichtet:

Vielleicht meinen es diese Leute gut mit mir, vielleicht auch nicht; ich kann das nicht entscheiden – also fort damit. Sie haben ein Spiel, einen Plan oder ein Experiment ausgeheckt; ich kann nicht feststellen, worum es sich handelt – also fort damit. Man hat auf mich gewettet; ich kann nicht erraten, worum es geht – also fort damit. Damit sind die unbekannten Größen erledigt; der Rest dieser Geschichte ist greifbar, feststehend und läßt sich mit Sicherheit bestimmen und bezeichnen. Wenn ich die Bank von England ersuche, diese Banknote dem Manne gutzuschreiben, dem sie gehört, wird sie es tun, denn sie kennt ihn und ich nicht; aber man wird mich fragen, wie ich in ihren Besitz gekommen bin, und wenn ich die Wahrheit sage, stecken sie mich natürlich ins Irrenhaus, eine Lüge aber bringt mich ins Gefängnis. Das gleiche würde geschehen, wenn ich versuchte, die Banknote irgendwo einzuzahlen oder zu beleihen. Ich muß diese ungeheure Last mit mir herumtragen, bis diese Leute zurückkommen, ob ich will oder nicht. Sie ist für mich nutzlos, so nutzlos wie eine Handvoll Asche, und doch muß ich auf sie aufpassen und sie behüten, während ich mir meinen Lebensunterhalt zusammenbettele. Ich könnte sie nicht einmal verschenken, selbst wenn ich es versuchte, denn weder ein redlicher Bürger noch ein Gauner würde sie annehmen oder etwas mit ihr zu tun haben wollen, um keinen Preis. Die beiden Brüder sind gesichert. Auch wenn ich ihre Banknote verliere oder verbrenne, sind sie immer noch gesichert, denn sie können die Auszahlung sperren lassen, und die Bank ersetzt ihnen den vollen Wert; aber inzwischen muß ich einen Monat lang Entbehrungen ausstehen, ohne Lohn oder Nutzen – es sei denn, ich helfe die Wette gewinnen, worum sie auch gehen mag, und bekomme die versprochene Stellung. Die hätte ich sehr gern; Leute dieser Art haben Stellungen zu vergeben, die der Mühe wert sind.

Ich begann, mir vor allem über diese Stellung Gedanken zu machen. Meine Hoffnungen stiegen. Zweifellos wäre das Gehalt hoch. Das würde nächsten Monat anlaufen, und dann käme alles wieder in Ordnung. Binnen kurzem war ich in bester Stimmung. Ich schlenderte wieder durch die Straßen. Der Anblick einer Schneiderwerkstatt erweckte in mir den heftigen Wunsch, meine Lumpen loszuwerden und mich endlich wieder anständig zu kleiden. Konnte ich mir das leisten? Nein; ich besaß eine Million Pfund und sonst nichts auf der Welt. Ich zwang mich also vorüberzugehen. Aber bald trieb es mich wieder zurück. Die Versuchung plagte mich grausam. Ich muß im Verlauf dieses heldenmütigen Kampfes sechsmal vor dem Geschäft hin- und hergegangen sein. Schließlich gab ich nach; ich konnte nicht anders. Ich fragte nach einem mißratenen Anzug, einem Ladenhüter. Der Schnösel, an den ich mich gewandt hatte, verwies mich mit einer Kopfbewegung an einen anderen und antwortete gar nicht. Ich ging auf den Bezeichneten zu, und der wies mit dem Kopf und ohne Worte auf einen Dritten. Als ich an diesen herantreten wollte, rief er: »Komme gleich!«

Ich wartete, bis er einmal Zeit für mich hatte, dann führte er mich in ein Hinterzimmer, wühlte einen Stoß verschnittener Anzüge durch und suchte den schlechtesten für mich aus. Ich zog ihn an. Er paßte nicht und sah keineswegs hübsch aus, aber er war neu, und ich war ganz erpicht darauf, ihn zu bekommen; ich mäkelte also nicht lange daran herum, sondern erklärte etwas schüchtern:

»Es wäre mir sehr angenehm, wenn Sie ein paar Tage auf das Geld warten könnten. Ich habe kein Kleingeld bei mir.«

Der Schnösel verzog sein Antlitz zu einer überaus sarkastischen Miene und sagte: »Ach, wirklich? Das hatte ich natürlich auch gar nicht erwartet. Ich weiß ja, Herren wie Sie haben nur großes Geld bei sich.«

Verärgert erwiderte ich: »Mein Freund, Sie dürfen einen Fremden nicht immer nach den Kleidern beurteilen, die er trägt. Ich bin durchaus imstande, diesen Anzug zu bezahlen; ich wollte Ihnen nur die Mühe ersparen, einen großen Schein zu wechseln.«

Daraufhin lenkte er ein wenig ein, obwohl immer noch von oben herab: »Ich wollte Sie nicht kränken, aber auf Ihre Vorhaltungen muß ich doch antworten, gerade Sie hätten nicht so voreilig annehmen dürfen, wir könnten irgendeine Banknote, die Sie zufällig bei sich haben, nicht wechseln. Im Gegenteil, wir wechseln *jede*.«

Ich reichte ihm die Banknote hin und sagte: »Na schön, entschuldigen Sie.«

Er nahm sie mit einem Lächeln entgegen, mit einem breiten Lächeln der Art, das sich allseitig fortpflanzt, Falten, Runzeln und Spiralen bildet und aussieht wie die Stelle, wo man einen Stein in den Teich geworfen hat; und dann fiel sein Blick auf den Schein, sein Lächeln fror ein, verwelkte und sah aus wie die welligen, schrumpeligen Lavaflächen, deren erstarrte Masse an den Abhängen des Vesuvs klebt. So ein entgeistertes, so festgebanntes Lächeln hatte ich noch nie gesehen.

Der Mann stand so mit der Banknote in der Hand auf dem Fleck, und der Ladeninhaber kam herbeigeeilt, um nachzuse-

hen, was los war. Er fragte energisch: »Na, was ist? Was gibt's? Wo fehlt's denn?«
Ich erwiderte: »Gar nichts ist los. Ich warte bloß auf mein Wechselgeld.«
»Los, los, gib ihm heraus, Tod; gib ihm heraus.«
Tod gab zurück: »Ihm herausgeben! Das sagt sich so leicht hin, Sir, aber sehen Sie sich den Schein nur einmal an!«
Der Ladeninhaber warf einen Blick darauf, stieß einen leisen, vielsagenden Pfiff aus, dann stürzte er sich auf den Berg Ladenhüter, die er nach rechts und links auseinanderwarf, wobei er aufgeregt vor sich hin brummte:
»Einem exzentrischen Millionär einen derart unmöglichen Anzug zu verkaufen! Tod ist ein Trottel – der geborene Trottel. Dauernd macht er solche Sachen. Er vertreibt mir jeden Millionär, weil er keinen Millionär von einem Vagabunden unterscheiden kann und es niemals konnte. Aha, hier ist das, was ich suche. Bitte, Sir, ziehen Sie das doch wieder aus und werfen Sie es ins Feuer. Tun Sie mir den Gefallen und ziehen Sie dieses Hemd und diesen Anzug hier über; das ist das Richtige, genau das Richtige – schlicht, gediegen, zurückhaltend und wirklich vornehm; im Auftrag eines ausländischen Fürsten angefertigt – vielleicht kennen Sie ihn, Sir, Seine Königliche Hoheit den Gospodar von Halifax; er mußte ihn zurückgeben und einen Traueranzug nehmen, weil seine Mutter im Sterben lag – sie ist aber doch nicht gestorben. Es ist nun mal so; es geht nicht immer nach unseren … das heißt, nicht immer geht es … – Na, bitte! Die Hosen passen, sie sitzen wie angegossen, Sir; jetzt die Weste – aha, paßt auch! Jetzt das Jackett – meine Güte, sehen Sie sich das an! Alles einfach tadellos! Ich habe so etwas von Vollkommenheit noch nie gesehen.«
Ich drückte meine Befriedigung aus.

»Ganz recht, Sir, ganz recht; als Notbehelf geht er, das stimmt schon. Aber warten Sie, bis Sie gesehen haben, was wir Ihnen nach Maß anfertigen. Los, Tod, Buch und Schreibzeug; fang an! Beinlänge zweiunddreißig Zoll« – und so weiter. Bevor ich ein Wort einschalten konnte, hatte er mir Maß genommen und gab Abendanzüge, Straßenanzüge, Oberhemden und alle möglichen Sachen in Auftrag.

Sobald ich zu Worte kam, sagte ich: »Aber, werter Herr, ich kann diese Aufträge gar nicht erteilen, es sei denn, Sie könnten unbestimmte Zeit auf die Bezahlung warten oder den Schein wechseln.«

»Unbestimmte Zeit! Das ist gar kein Ausdruck, Sir, gar kein Ausdruck. Auf ewig – das ist das richtige Wort, Sir. Tod, laß diese Sachen als Eilauftrag laufen und schicke sie dann unverzüglich dem Herrn ins Haus. Die kleinen Kunden können warten. Schreib die Adresse des Herrn auf und …«

»Ich ziehe gerade um. Ich komme noch vorbei und hinterlasse die neue Adresse.«

»Sehr wohl, Sir, sehr wohl. Moment – darf ich Sie hinausbegleiten, Sir? Bitte sehr – guten Tag, Sir, guten Tag!«

Es ist wohl klar, wie es nun weiterging. Ich verfiel ganz natürlich immer mehr der Angewohnheit, alles zu kaufen, was ich nur wollte, und Wechselgeld auf meine Banknote zu verlangen. Binnen einer Woche war ich reichlich mit allen Notwendigkeiten und Annehmlichkeiten und auch luxuriösen Dingen ausgestattet und wohnte in einem Privathotel am Hanover Square. Hier nahm ich das Mittagessen ein, aber zum Frühstück blieb ich Harris' bescheidenem Lokal treu, wo ich auf meine Million-Pfund-Note die erste Mahlzeit erhalten hatte. Harris wurde durch mich ein gemachter Mann. Es hatte sich überall herumgesprochen, dass der ausländische Sonderling, der Million-Pfund-Noten in der Westentasche bei sich trug, der Schutzpatron des Lokals sei. Das genügte. Aus einem armseligen, um seine Existenz kämpfenden, aus der Hand in den Mund lebenden Speisestübchen war es zu einem berühmten und von Gästen überlaufenen Hause geworden. Harris war mir so dankbar, dass er mir Darlehen aufdrängte und sich nicht abweisen ließ; und so hatte ich, obzwar bettelarm, Geld in der Tasche und lebte wie ein reicher Mann. Mir war klar, dass es früher oder später zum Krachen kommen mußte, aber jetzt befand ich mich schon mitten im Strom und mußte weiterschwimmen, wenn ich nicht ertrinken wollte. Die ganze Geschichte barg genau das Quäntchen drohender Gefahr in sich, das ihr eine ernste, nüchterne, ja eine tragische Note verlieh, sonst wäre sie einfach lächerlich gewesen. Bei Nacht, im Dunkeln, stand stets die tragische Seite im Vordergrund, warnend und drohend; und ich stöhnte und wälzte mich herum und konnte kaum einschlafen. Aber beim freundlichen Tageslicht verblaßte und verschwand das Unheildrohende, und ich schwebte wie auf Wolken und war vor Glück schwindlig, ja berauscht.

Und das war ganz natürlich, denn ich war in der Weltmetropole eine bekannte Persönlichkeit geworden, und das verdrehte mir den Kopf nicht wenig, sondern sogar ziemlich gehörig. Man konnte keine Zeitung mehr in die Hand nehmen, ob englisch, schottisch oder irisch, ohne darin eine oder mehrere Anspielungen auf den »Westentaschen-Millionär« und Nachrichten über seine neuesten Taten und Aussprüche zu finden. Zuerst stand ich in der Gesellschaftsspalte ganz unten; dann wurde ich vor den Rittern aufgeführt, dann vor den Baronets, dann vor den Baronen und so weiter und so fort. In dem Maße, wie ich bekannter wurde, stieg ich immer höher, bis ich die höchstmögliche Stelle erreichte, und dort blieb ich stehen, vor allen Herzögen, mit Ausnahme derer aus königlichem Hause, und vor allen kirchlichen Würdenträgern, mit Ausnahme des Erzbischofs von Canterbury. Wohlgemerkt, das war noch kein Ruhm; bis jetzt war ich nur eine bekannte Persönlichkeit. Dann folgte die Krönung des Ganzen – sozusagen der Ritterschlag –, der in einem einzigen Augenblick die vergängliche Blüte öffentlicher Beachtung in das dauerhafte Gold des Ruhmes verwandelte: »Punch« brachte eine Karikatur von mir! Ja, jetzt war ich ein gemachter Mann; meine gesellschaftliche Stellung war gesichert. Man durfte wohl noch über mich witzeln, aber nur respektvoll, nicht zu ausgelassen und nicht roh; man durfte noch über mich lächeln, aber mich nicht mehr auslachen. Diese Zeiten waren vorbei. »Punch« brachte mich, in flatternden Fetzen, mit einem altertümlich gekleideten Wächter um den Londoner Tower feilschend. Nun, man kann sich wohl vorstellen, wie es einem jungen Mann zumute war, den man früher nie beachtet hatte und der jetzt plötzlich kein Wort äußern konnte, das nicht sofort aufgegriffen und überall weitererzählt wurde; der sich nicht hinauswagen konnte, ohne ständig zu hören, wie sich allenthalben der Ruf fortpflanzte: »Da geht er; das ist er!«; der nicht frühstücken konnte, ohne dass ihn eine Menschenmenge dabei beobachtete; der nicht in einer Opernloge erscheinen konnte, ohne das Kreuzfeuer von tausend Gläsern auf sich zu lenken. Ich schwamm den ganzen Tag in Ruhm – darauf läuft es hinaus.

Ich behielt sogar meinen alten, zerlumpten Anzug und trat hin und wieder darin auf, um das alte Vergnügen auszukosten, beim Einkauf von Kleinigkeiten beleidigt zu werden und dann den Spötter mit der Million-Pfund-Note totzuschießen. Aber das konnte ich nicht lange fortsetzen. Die

Illustrierten machten meinen Aufzug so bekannt, dass mich sofort eine ganze Schar Menschen erkannte, wenn ich darin ausging, und mir folgte; und wenn ich versuchte, etwas zu kaufen, bot mir der Mann seinen ganzen Laden auf Kredit an, noch bevor ich ihm meine Banknote vor die Nase halten konnte.

Wohl am zehnten Tage meines Ruhmes ging ich, meiner Flagge die Ehre zu erweisen, das heißt, ich machte dem amerikanischen Gesandten meine Aufwartung. Er empfing mich mit der meinem Fall angemessenen Begeisterung, machte mir Vorwürfe, dass ich mich erst jetzt auf meine Pflicht besonnen hätte, und sagte, ich könne seine Verzeihung nur erlangen, wenn ich noch am gleichen Abend an seiner Dinnertafel den Platz einnähme, der durch die Erkrankung eines anderen Gastes frei geworden sei. Ich sagte zu, und wir kamen ins Gespräch. Es stellte sich heraus, dass er und mein Vater Schulkameraden gewesen waren, später zusammen in Yale studiert und bis zum Tode meines Vaters gute Freundschaft gehalten hatten. Daraufhin lud er mich ein, all meine freie Zeit in seinem Hause zu verbringen, und ich war natürlich gern dazu bereit.

In Wirklichkeit war ich mehr als bereit, ich war froh darüber. Wenn der große Krach käme, könnte er mich vielleicht vor der völligen Vernichtung bewahren; ich wußte zwar nicht recht, wie, aber vielleicht würde ihm ein Ausweg einfallen. Ich konnte es nicht wagen, mich ihm zu offenbaren, dazu war es jetzt zu spät, obwohl ich es zu Anfang meiner schwindelerregenden Londoner Laufbahn sehr gern und bereitwillig getan hätte. Nein, jetzt konnte ich es nicht mehr; ich steckte zu tief drin; jedenfalls zu tief, um einem so neuen Freunde gegenüber derartige Enthüllungen zu riskieren, jedoch in meinen Augen nicht hoffnungslos tief. Denn bei aller Borgerei hielt ich mich sorgfältig im Rahmen meiner Mittel – ich meine, im Rahmen meines Gehaltes. Natürlich konnte ich nicht *wissen*, wie hoch mein Gehalt ausfallen würde, aber ich konnte es ganz gut abschätzen, denn ich brauchte nur davon auszugehen, dass ich die Wette gewann und mir dann eine Stellung im Verfügungsbereich des reichen alten Herrn würde aussuchen können, vorausgesetzt, dass ich für sie geeignet wäre – und ich würde mich bestimmt als geeignet erweisen, daran zweifelte ich nicht. Über die Wette selbst machte ich mir keine Sorgen; ich hatte schon immer Glück gehabt. Ich schätzte das Gehalt auf sechshundert bis tausend pro Jahr; also etwa sechshundert im ersten Jahr und dann Jahr für Jahr ansteigend, bis ich durch erwiesene Tüchtigkeit die tausend erreichen würde. Gegenwärtig hatte ich Schulden nur in Höhe meines ersten Jahresgehaltes. Alle Welt hatte mir Geld leihen wollen, aber ich hatte die meisten Angebote unter irgendeinem Vorwand abgelehnt; deshalb entfielen auf derartige Verpflichtungen nur dreihundert Pfund, die ich mir in bar geliehen hatte, die anderen dreihundert Pfund kamen auf meinen Lebensunterhalt und Anschaffungen. Ich nahm an, mein zweites Jahresgehalt würde mir über den Rest des Monats weghelfen, wenn ich weiterhin vorsichtig und sparsam bliebe, und darauf wollte ich unbedingt achten. Zum Monatsende, wenn mein Arbeitgeber von der Reise zurück wäre, sollte sich alles wieder einrenken, denn ich wollte sogleich die zwei Jahresgehälter an meine Gläubiger abtreten und mich fleißig an die Arbeit machen.

Es war eine reizende Abendgesellschaft von vierzehn Personen. Der Herzog und die Herzogin von Shoreditch und ihre Tochter, Lady Anne Grace Eleanor Celeste und so weiter und so fort, de Bohun, der Graf und die Gräfin von Newgate, Viscount Cheapside, Lord und Lady Blatherskite, ein paar unbetitelte Leute beiderlei Geschlechts, der Gesandte nebst Gattin und Tochter und die zu Besuch weilende Freundin dieser Tochter, eine junge Engländerin von zweiundzwanzig Jahren, Portia Langham, in die ich mich binnen zwei Minuten ebenso verliebte wie sie sich in mich – ich konnte es ohne Brille erkennen. Es war noch ein Gast da, ein Amerikaner – doch ich eile meiner Geschichte ein wenig voraus. Während sich die Gäste noch im Salon aufhielten und in Erwartung des Dinners kühl die Späterkommenden musterten, meldete der Diener:

»Mr. Lloyd Hastings.«

Kaum waren die üblichen Höflichkeiten ausgetauscht, erblickte mich Hastings und steuerte mit herzlich ausgestreckter Hand geradewegs auf mich zu; dann, als er eben die meine ergreifen wollte, hielt er plötzlich inne und sagte mit verlegener Miene:

»Ich bitte um Verzeihung, Sir, Sie kamen mir bekannt vor.«

»Na, du kennst mich doch auch, alter Bursche!«

»Nein! Bist *du* das – das …«

»Westentaschen-Monstrum? Ich bin es allerdings. Du kannst mich ruhig bei meinem Spitznamen nennen, ich bin's gewöhnt.«

»Menschenskind, das ist eine Überraschung! Ein- oder zweimal habe ich deinen Namen in Verbindung mit dem Spitznamen gehört, aber es fiel mir nicht im Traum ein, dass *du* dieser Henry Adams sein könntest. Es ist doch noch keine sechs Monate her, dass du bei Blake Hopkins in Frisco Buchhalter warst und mir abends gegen eine Extravergütung geholfen hast, die Bücher und die Geschäftsstatistik der Gould and Curry Extension in Ordnung zu bringen und zu überprüfen. Es ist kaum zu fassen, du bist jetzt in London, bist ein Millionär und eine kolossale Berühmtheit! Es ist wie ein

Märchen aus Tausendundeiner Nacht. Mensch, ich kann es einfach nicht fassen, kann es nicht begreifen; laß mir Zeit, bis mein Kopf wieder klar wird.«

»Wirklich, Lloyd, mir geht es nicht besser als dir. Ich kann es ja selbst nicht fassen.«

»Lieber Himmel, es ist überwältigend, nicht? Es ist ja auf den Tag genau drei Monate her, dass wir zusammen im Minenrestaurant saßen …«

»Nein, im ›What Cheer‹.«

»Stimmt, es war wirklich das ›What Cheer‹; um zwei Uhr früh gingen wir auf ein Kotelett und eine Tasse Kaffee hin, nachdem wir uns sechs Stunden lang mit den Unterlagen der Extension herumgeschlagen hatten, und ich wollte dich überreden, mit mir nach London zu kommen, und bot dir an, dir Urlaub zu verschaffen, alle deine Spesen zu übernehmen und dir, wenn mir der Verkauf gelingen sollte, noch eine Gratifikation zu zahlen; und du wolltest nicht auf mich hören und sagtest, ich würde es nicht schaffen und du könntest es dir nicht leisten, den Kontakt mit dem Börsenbetrieb zu Hause zu verlieren und nach der Heimkehr endlose Zeit daran zu wenden, dich wieder hineinzufinden. Und nun bist du doch hier. Wie seltsam das ist! Was hat dich denn nun hergeführt, und was in aller Welt hat dir diesen unglaublichen Start ermöglicht?«

»Ach, bloß ein Zufall. Es ist eine lange Geschichte – ein Roman, könnte man sagen. Ich werde dir alles erzählen, aber nicht jetzt.«

»Wann?«

»Ende dieses Monats.«

»Das sind ja noch mehr als vierzehn Tage. Das hält meine Neugier nicht aus. Sagen wir, in einer Woche.«

»Geht nicht. Du wirst dann schon erfahren, warum. Aber was macht denn das Geschäft?«

Seine Fröhlichkeit war wie weggeblasen, und er sagte seufzend: »Du warst ein guter Prophet, Hal, ein guter Prophet. Ich wünschte, ich wäre nicht hergekommen. Ich möchte nicht darüber sprechen.«

»Aber du mußt. Wenn wir nachher fortgehen, mußt du mitkommen und bei mir übernachten, dann erzählst du mir alles.«

»Ja, darf ich? Ist das dein Ernst?« Und seine Augen wurden feucht.

»Ja, ich möchte die ganze Geschichte hören, Wort für Wort.«

»Ich bin ja so dankbar! Dass ich endlich wieder einmal in einer Stimme, einem Blick menschlicher Anteilnahme an mir und meinen Angelegenheiten begegne, nach allem, was ich hier durchgemacht habe … Mein Gott, ich könnte auf die Knie sinken vor Dankbarkeit!«

Er drückte mir fest die Hand, riß sich zusammen und war dann heiter und guter Dinge bereit zum Dinner – das nicht stattfand. Nein; es kam so, wie es bei dem niederträchtigen und ausgesprochen lästigen englischen System so oft vorkommt – die Frage der Rangordnung ließ sich nicht lösen, und so gab es kein Dinner. Engländer essen immer erst Dinner, bevor sie zum Dinner ausgehen, weil sie die drohende Gefahr kennen; aber niemand warnt den Fremden, und er geht nichtsahnend in die Falle. Diesmal allerdings kam niemand zu Schaden, denn wir hatten alle schon gegessen, weil bis auf Hastings kein Neuling unter uns war, und ihm hatte der Gesandte schon bei der Einladung mitgeteilt, dass er mit Rücksicht auf den englischen Brauch gar kein Essen vorgesehen habe. Jeder griff sich eine Dame, und alle zogen in Prozession zum Speisezimmer hinüber, denn die Form mußte gewahrt werden; doch hier begann der Streit. Der Herzog von Shoreditch beanspruchte den Vorrang und den Vorsitz an der Tafel, denn er behauptete, er stehe rangmäßig über einem Gesandten, der nur eine Nation und nicht einen Monarchen repräsentiere; doch ich pochte auf meine Rechte und dachte nicht daran, zurückzustehen. Ich betonte, dass ich in den Klatschspalten vor allen Herzögen rangiere, die nicht dem Königshaus angehören, und beanspruchte den Vortritt vor dem hier anwesenden Vertreter der Gattung. Das ließ sich natürlich nicht befriedigend beilegen, so große Mühe wir uns auch gaben – er, indem er schließlich noch (unklugerweise) versuchte, seine hohe Geburt und das Alter seiner Familie auszuspielen; ich, indem ich seinen Eroberer ausstach und mit Adam übertrumpfte, dessen direkter Nachkomme ich sei, wie schon mein Name verrate, wohingegen er nur einer Seitenlinie entstamme, wie sein Name und seine noch recht junge normannische Herkunft bewiesen. Also zogen wir alle in den Salon zurück und nahmen einen Stehimbiss ein – das ist ein Teller Sardinen mit einer Erdbeere, und man steht in kleinen Gruppen umher und verzehrt das. Hierbei werden die heiligen Regeln des Protokolls nicht so streng gehandhabt; die zwei ranghöchsten Personen werfen einen Schilling in die Höhe, der Gewinner darf zuerst nach der Erdbeere greifen, der Verlierer bekommt den Schilling. Nun werfen die nächsten zwei, dann wieder die nächsten und so weiter. Nach dem Imbiß wurden Tische aufgestellt, und wir alle spielten Cribbage um Sixpence die Partie. Die Engländer spielen nie einfach zum Vergnügen. Wenn sie nicht etwas gewinnen oder verlieren können – es ist ihnen egal, ob das eine oder das andere –, spielen sie nicht.

Wir unterhielten uns wunderbar; zwei von uns jedenfalls ganz bestimmt, Miß Langham und ich. Ich war so bezaubert von ihr, dass ich nicht imstande war, mein Blatt auszuzählen, wenn es eine Doppelsequenz überstieg; und wenn ich einen Trumpf ausgespielt hatte, merkte ich es nicht und fing wieder von vorn an. So hätte ich jede Partie verloren, wenn das Mädchen nicht ebenso zerstreut gewesen wäre, weil es ihr genauso erging wie mir; und deshalb brachte keiner von uns beiden ein Spiel zustande oder wunderte sich auch nur, warum es nicht gelang; wir wußten nur, dass wir glücklich waren, wir wollten gar nichts weiter wissen, nur ungestört bleiben wollten wir. Ich sagte ihr – das tat ich wirklich –, sagte ihr, dass ich sie liebe; und sie – nun ja, sie errötete, bis sogar ihr Haar rot anlief, aber sie hörte es gern; sie sprach es sogar aus. Ach, so einen schönen Abend hatte ich noch nie erlebt! Jedesmal, wenn ich ansagte, brachte ich eine Randbemerkung an; jedesmal, wenn sie ansagte, bestätigte sie deren Empfang und zählte dabei die Punkte. Ich konnte ja nicht einmal sagen: »Und noch zwei drauf«, ohne hinzuzufügen: »Mein Gott, wie süß Sie aussehen!« Sie erwiderte dann: »Fünfzehn zwei, fünfzehn vier, fünfzehn sechs, und ein Paar sind acht, und acht sind sechzehn – finden Sie wirklich?« und blickte so schräg unter ihren Wimpern hervor, nicht wahr, so süß und schelmisch! Ach, es war einfach zauberhaft!

Nun, ich war ihr gegenüber vollkommen offen und ehrlich; gestand ihr, dass ich keinen Cent besitze außer eben der Eine-Million Pfund-Note, von der sie so viel gehört hatte, und die gehöre mir gar nicht; das weckte ihre Neugier; daraufhin senkte ich die Stimme und erzählte ihr die ganze Geschichte von Anfang an, und sie lachte sich halbtot. Was in aller Welt sie daran lächerlich finden konnte, verstand ich absolut nicht,

aber so war es; alle halben Minuten warf irgendeine neue Einzelheit sie einfach um, und ich mußte meinen Bericht anderthalb Minuten unterbrechen, damit sie sich wieder fangen konnte. Ja, sie lachte sich schief – buchstäblich schief; ich hatte so etwas noch nicht erlebt. Ich meine, ich hatte noch nie erlebt, dass eine peinliche Geschichte – die Geschichte der Kümmernisse und Sorgen und Befürchtungen eines Menschen – eine solche Reaktion hervorgerufen hätte. Aber ich liebte sie nur um so mehr, als ich sah, dass sie so fröhlich sein konnte, wo gar kein Anlaß zur Fröhlichkeit vorlag; denn wie die Dinge lagen, würde ich eine solche Frau bald notwendig brauchen. Selbstverständlich erklärte ich ihr, wir würden wohl noch ein paar Jahre warten müssen, bis ich den Anschluß an mein Gehalt gefunden hätte; doch das machte ihr nichts aus, sie riet mir nur, mich in meinen Ausgaben einzuschränken, um auf keinen Fall unser drittes Jahresgehalt angreifen zu müssen. Dann wurde sie ein bißchen besorgt und fragte, ob wir uns nicht irrten und das erste Jahresgehalt höher ansetzten, als es dann ausfallen würde. Das war sehr vernünftig und dämpfte ein wenig meine bisherige Zuversicht; aber es brachte mich auf einen sehr guten Gedanken, und ich sprach ihn offen aus:
»Portia, Liebste, würdest du mich begleiten, wenn ich die alten Herren aufsuchen muß?«
Sie schrak ein wenig zurück, erwiderte aber: »N-nun ja, wenn meine Begleitung dir Mut macht. Aber – meinst du, dass es ganz schicklich ist?«
»Nein, das wohl nicht gerade – wirklich, ich fürchte, schicklich ist es nicht; aber, weißt du, es hängt doch so viel davon ab …«
»Dann gehe ich auf jeden Fall mit, ob schicklich oder unschicklich«, rief sie mit schönem, edelmütigem Eifer. »Ach, ich bin so glücklich, weil ich dir vielleicht behilflich sein kann.«

»Behilflich, Liebste? Du wirst den größten Anteil daran haben. Du bist so schön, so reizend, so bezaubernd – wenn du dabei bist, kann ich unser Gehalt so hochschrauben, dass ich die guten alten Burschen an den Bettelstab bringe, und sie finden nicht die Kraft, sich dagegen zu wehren.«

Ach, das hätte man sehen sollen, wie ihr das Blut ins Antlitz stieg und wie ihre Augen vor Glück strahlten!

»Du elender Schmeichler! An alledem ist kein Wort wahr, aber ich gehe doch mit dir. Vielleicht lernst du daraus, dass andere Leute nicht mit deinen Augen schauen.«

Waren meine Bedenken zerstreut? War meine Zuversicht wiederhergestellt? Man kann sich daraus ein Bild machen: Insgeheim erhöhte ich auf der Stelle mein Gehalt auf zwölfhundert im ersten Jahr. Aber das sagte ich ihr nicht; es sollte eine Überraschung werden.

Den ganzen Heimweg über schwebte ich in den Wolken, Hastings redete, und ich hörte kein Wort davon. Als wir in mein Wohnzimmer traten, holte er mich durch seine überschwängliche Bewunderung für meine luxuriöse Einrichtung auf die Erde zurück.

»Laß mich nur einen Augenblick hier stehen und mich sattsehen. Lieber Himmel! Das ist ja ein Palast – wahrhaftig, ein Palast! Und alles da, was man sich nur wünschen kann, sogar das gemütliche Kaminfeuer und das bereitstehende Abendessen. Henry, das macht mir nicht nur klar, wie reich du bist; es macht mir klar und es läßt mich bis ins Innerste, bis ins Mark spüren, wie arm ich bin – wie arm und wie elend, wie besiegt, geschlagen, vernichtet!«

Zum Teufel noch mal! Diese Worte jagten mir einen kalten Schauer den Rücken hinunter. Sie machten mich vor Schreck hellwach und brachten mir zum Bewußtsein, dass ich auf einer hauchdünnen Kruste stand, unter der ein Krater brodelte. Ich hatte nicht gewußt, dass ich träumte – das heißt, ich hatte es seit einiger Zeit nicht mehr wahrhaben wollen; aber *jetzt* – lieber Himmel! Tief verschuldet, ohne einen Cent, Glück oder Leid eines reizenden Mädchens in der Hand und nichts in Aussicht als ein Gehalt, das vielleicht nie – ach, das *bestimmt* nie Wirklichkeit werden sollte. Ach, ach, ach! Ich war hoffnungslos ruiniert! Mir war nicht mehr zu helfen!

»Henry, schon das, was täglich von deinem Einkommen so nebenher abfällt, würde …«

»Ach, mein tägliches Einkommen! Hier, hinunter mit diesem heißen Whiskygrog und Kopf hoch! Prosit! Oder, nein – du hast Hunger; setz dich und …«

»Keinen Bissen für mich; ich kann nichts essen. Seit Tagen bringe ich nichts mehr hinunter; aber trinken will ich mit dir, bis ich umfalle. Prosit!«

»Ich halte mit, Faß um Faß! Fertig? Also los! Und jetzt, Lloyd, erzähle mir deine Geschichte, während ich einen neuen Grog braue.«

»Ich soll erzählen? Was denn, noch einmal?«

»Noch einmal? Was soll das heißen?«

»Na, ich meine, ob du sie noch einmal ganz hören willst.«

»Ob ich sie noch einmal ganz hören will? Ich verstehe gar nichts mehr. Halt; trinke nichts mehr von dem Zeug. Du brauchst es nicht mehr.«

»Hör mal, Henry, du erschreckst mich. Habe ich dir nicht auf dem Weg hierher die ganze Geschichte erzählt?«

»Du?«

»Ja, ich.«

»Ich laß mich hängen, wenn ich ein Wort davon gehört habe.«

»Henry, das ist kein Spaß mehr. Ich mache mir Sorgen. Was hast du dort beim Gesandten zu dir genommen?«
Da wurde mir alles sonnenklar, und ich gestand offen: »Das liebste Mädchen der Welt habe ich genommen: gefangen genommen!«
Da stürzte er auf mich zu, und wir schüttelten uns immer aufs neue die Hände, bis sie weh taten; und er nahm es mir nicht mehr übel, dass ich kein Wort von der Geschichte wußte, die genug Stoff für die vollen drei Meilen unseres Weges geboten hatte. Der geduldige, gutmütige Kerl setzte sich wieder hin und erzählte alles noch einmal. Zusammengefaßt lief es auf folgendes hinaus: Er war mit einer seiner Ansicht nach glänzenden Chance nach England gekommen; er besaß eine Option auf die Gould and Curry Extension, die er für ihre Eigentümer verkaufen sollte; alles, was er über eine Million Dollar dafür erzielte, sollte ihm gehören. Er hatte sich alle Mühe gegeben, an jedem ihm bekannten Draht gezogen, kein ehrliches Mittel unversucht gelassen, fast sein ganzes Geld darangewandt und doch nicht einen Kapitalisten dazu bekommen, ihn anzuhören, und Ende des Monats lief seine Option ab. Mit einem Wort, er war ruiniert. Dann aber sprang er auf und rief:
»Henry, du kannst mich retten! Du kannst mich retten und bist der einzige Mensch auf der Welt, der das kann. Tust du es? Bitte, tu's doch!«
»Sag mir doch, wie. Heraus damit, mein Junge.«
»Zahle du mir für die Option eine Million und die Kosten für die Heimreise. *Bitte*, sag nicht nein!«
Ich litt Höllenqualen. Ich war drauf und dran, mit den Worten herauszuplatzen: »Lloyd, ich bin ja selbst ein Bettler – habe keinen Penny und bin sogar verschuldet.« Doch da schoß mir

glühendheiß ein Gedanke durch den Kopf, ich biß die Zähne zusammen und zwang mich zur Ruhe, bis ich so kühl war wie ein Kapitalist. Dann sagte ich geschäftsmäßig sachlich: »Ich will dich retten, Lloyd …«

»Dann bin ich schon gerettet! Gott lohne es dir in alle Ewigkeit! Wenn ich jemals …«

»Laß mich ausreden, Lloyd. Ich will dich retten, doch nicht auf diese Weise; das wäre dir gegenüber nicht anständig, nach allem, was du dafür geleistet und riskiert hast. Ich brauche keine Minen zu kaufen; ich kann in einem Handelszentrum wie London mein Kapital auch ohnedies in Umlauf halten; dafür sorge ich ja die ganze Zeit. Aber ich will folgendes tun: Ich weiß natürlich über die Mine genau Bescheid; ich kenne ihren ungeheuren Wert, und ich kann das beschwören, wenn es gewünscht wird. Du wirst noch vor Ablauf der vierzehn Tage die Anteile für bare drei Millionen verkaufen, indem du dich unbeschränkt auf mich berufst, und dann teilen wir den Gewinn unter uns beiden auf.«

Sie können sich vorstellen, in seiner wahnsinnigen Freude hätte er die Möbel zu Feuerholz zertanzt und alles kurz und klein geschlagen, wenn ich ihm nicht ein Bein gestellt und ihn gefesselt hätte. Nun lag er restlos glücklich am Boden und rief: »Ich darf mich auf dich berufen! Auf dich – sich das vorzustellen! Mensch, scharenweise werden sie angelaufen kommen, die reichen Londoner; raufen werden sie sich um diese Aktien! Ich bin ein gemachter Mann, für immer ein gemachter Mann, und ich werde dir das mein Lebtag nicht vergessen!«

In weniger als vierundzwanzig Stunden war London in Aufregung! Tag für Tag brauchte ich weiter nichts zu tun, als im Hotel zu bleiben und allen Besuchern zu sagen:

»Ja, ich habe ihm gestattet, sich auf mich zu berufen. Ich kenne den Mann und kenne die Mine. Sein Charakter ist untadelig, die Mine ist viel mehr wert, als er dafür verlangt.«
Inzwischen verbrachte ich all meine Abende mit Portia beim Gesandten. Ich sagte kein Wort über die Mine; das hob ich mir als Überraschung auf. Wir sprachen über das Gehalt; über nichts anderes als das Gehalt und die Liebe; manchmal über die Liebe, manchmal über das Gehalt, manchmal über Liebe und Gehalt zugleich. Und, Himmel!, die Anteilnahme, die Gattin und Tochter des Gesandten an unserer kleinen Affäre zeigten, und die zahllosen Listen, die sie erfanden, um uns vor Störungen zu bewahren und den Gesandten nichts bemerken zu lassen – es war einfach reizend von ihnen!
Als der Monat endlich um war, besaß ich ein Guthaben von einer Million Dollar bei der London and County Bank, und Hastings stand genauso da. In meinem besten Anzug fuhr ich an dem Haus am Portland Place vorbei, schloß aus seinem Aussehen, dass meine Vögel wieder heimgekehrt waren, fuhr weiter zum Haus des Gesandten und holte meinen Schatz ab. Auf dem Weg zum Portland Place sprachen wir unaufhörlich über das Gehalt. Sie war so aufgeregt und ängstlich, dass sie einfach unerträglich schön war. Ich sagte:
»Liebste, so wie du aussiehst, wäre es ein Verbrechen, auch nur einen Penny weniger als dreitausend im Jahr als Gehalt zu verlangen.«
»Henry, Henry, du ruinierst uns!«
»Nur keine Angst. Sieh nur weiter so aus und vertraue mir. Es wird schon alles gutgehen.«
Und so mußte ich schließlich den ganzen Weg über *ihr* Mut zusprechen.

Sie redete mir unaufhörlich ins Gewissen: »Ach, denk doch bitte daran, wenn wir zu viel verlangen, bekommen wir vielleicht am Ende überhaupt kein Gehalt; und was wird dann aus uns, ohne jede Möglichkeit, unseren Lebensunterhalt zu verdienen?«

Derselbe Diener führte uns hinein, und da waren sie, die beiden alten Herren. Natürlich waren sie überrascht, als sie dieses zauberhafte Geschöpf neben mir sahen, aber ich sagte:

»Es hat schon seine Richtigkeit, meine Herren, das ist meine zukünftige Lebensgefährtin.«

Und ich machte sie miteinander bekannt und nannte ihre Namen. Das überraschte die Herren nicht; sie konnten sich denken, dass ich so schlau sein würde, im Adressbuch nachzuschlagen. Sie boten uns Platz an, waren mir gegenüber sehr zuvorkommend und sehr darauf bedacht, Portia über ihre Verlegenheit hinwegzuhelfen und ihr die Situation so weit wie möglich zu erleichtern.

Dann sagte ich: »Meine Herren, ich bin bereit, Bericht zu erstatten.«

»Es freut uns, das zu hören«, sagte mein Mann. »Denn jetzt können wir die Wette entscheiden, die mein Bruder Abel und ich abgeschlossen hatten. Wenn Sie für mich gewonnen haben, sollen Sie jede beliebige Stellung erhalten, die ich zu vergeben habe. Sind Sie im Besitz der Million-Pfund-Note?«

»Hier ist sie, Sir«, sagte ich und überreichte sie ihm.

»Ich hab gewonnen!« rief er und schlug Abel auf die Schulter. »Was sagst du jetzt, Bruder?«

»Ich sage, er ist tatsächlich am Leben geblieben, und ich habe zwanzigtausend Pfund verloren. Nie hätte ich das für möglich gehalten.«

»Ich habe noch etwas hinzuzufügen«, sagte ich. »Das ist aber ein ziemlich langer Bericht. Bitte gestatten Sie mir, Sie bald einmal aufzusuchen und Ihnen die ganze Geschichte dieses Monats ausführlich zu erzählen; ich versichere Ihnen, es lohnt sich, sie anzuhören. Sehen Sie sich inzwischen bitte das hier an.«

»Was, Mensch! Ein Depositenschein über zweihunderttausend Pfund! Gehört er Ihnen?«

»Ja, mir. Ich habe ihn mir verdient, indem ich dreißig Tage lang klugen Gebrauch von Ihrem kleinen Darlehen machte. Und der bestand einzig darin, Kleinigkeiten zu kaufen und dafür die Banknote zum Wechseln hinzustrecken.«

»Hören Sie mal, das ist doch erstaunlich! Es ist einfach unglaublich, Mann!«

»Lassen Sie nur, ich will es Ihnen beweisen. Sie brauchen mein Wort nicht ohne Beweise hinzunehmen.«

Nun war Portia an der Reihe, überrascht zu sein. Mit weit aufgerissenen Augen fragte sie: »Henry, ist das wirklich dein Geld? Hast du mich beschwindelt?«

»Allerdings, Liebste. Aber du wirst mir verzeihen, ich weiß es.«

Sie zog eine Schnute und schmollte: »Sei dessen nur nicht allzu sicher. Es war sehr ungezogen von dir, mich so zu täuschen!«

»Ach, darüber kommst du hinweg, mein Herz, bestimmt; weißt du, es war doch nur Spaß. Komm, wir wollen gehen.«

»Aber warten Sie doch! Die Stellung, Sie wissen schon. Ich möchte Ihnen die Stellung geben«, sagte mein Mann.

»Nun ja«, sagte ich, »ich bin Ihnen wirklich sehr dankbar, aber ich brauche keine.«

»Aber Sie können die allerbeste erhalten, die ich zu vergeben habe.«

»Ich danke nochmals von ganzem Herzen; aber ich brauche nicht einmal diese.«

»Henry, ich schäme mich für dich. Du dankst dem guten Herrn längst nicht herzlich genug. Darf ich es für dich tun?«

»Aber gewiß, Liebste, wenn du es besser kannst. Versuche es doch einmal.«

Sie ging zu meinem Mann hin, setzte sich ihm auf den Schoß, schlang ihm die Arme um den Hals und küßte ihn mitten auf den Mund. Die zwei alten Herren lachten schallend auf, ich aber stand starr da, geradezu betäubt.

Portia sagte: »Papa, er hat gesagt, du hättest keine Stellung zu vergeben, die er annehmen möchte; das kränkt mich ebenso wie ...«

»Mein Liebling, ist das dein Papa?«

»Ja; er ist mein Stiefpapa und der liebste, den es je gegeben hat. Jetzt verstehst du wohl, warum ich lachen konnte, als du mir beim Gesandten ahnungslos erzähltest, wie viel Kummer und Sorgen Papas und Onkel Abels Plan dir bereitete.«

Natürlich sprach ich jetzt frei von der Leber weg und ging ohne Umschweife auf mein Ziel los: »Ach, liebster, bester Sir, ich möchte zurücknehmen, was ich eben sagte. Sie haben *doch* eine offene Stellung zu vergeben, die ich haben möchte.«

»Und zwar?«

»Die Stellung eines Schwiegersohnes.«

»Nun ja, nun ja! Aber wissen Sie, wenn Sie noch nie in solcher Eigenschaft tätig waren, können Sie natürlich keine Zeugnisse beibringen, gemäß den Bedingungen unserer Absprache, und so ...«

»Versuchen Sie es mit mir – ach, ich bitte Sie herzlich! Bloß dreißig oder vierzig Jahre lang, und wenn ...«

»Na, also gut; das ist nicht zu viel verlangt, nehmen Sie sie!«

Ob wir glücklich waren, wir zwei? Ein komplettes Wörterbuch enthält nicht genug Worte, um es auszudrücken. Und als London ein paar Tage später die ganze Geschichte meiner Abenteuer mit dieser Banknote und ihren Ausgang erfuhr, was gab das für ein Gerede und vergnügtes Schmunzeln! Portias Papa brachte die freundliche und freigebige Banknote zur Bank von England zurück und löste sie ein; die Bank annullierte sie und machte sie ihm zum Geschenk, er wiederum vermachte sie uns als Hochzeitsgabe, und seither hängt sie eingerahmt im Allerheiligsten unserer Wohnung. Denn sie gab mir meine Portia. Ohne sie hätte ich nicht in London bleiben können, hätte ich den Gesandten nicht aufgesucht und Portia niemals kennengelernt. Und deshalb sage ich immer: »Ja, es ist eine Eine-Million-Pfund-Note, wie Sie sehen; aber sie hat in ihrem Leben nur einem einzigen Einkauf gedient, und dabei verschaffte sie mir auch noch die Ware für nur ein Zehntel ihres Wertes.«

DER STREICH, DER ED EIN VERMÖGEN EINBRACHTE

Laßt uns dankbar sein, daß es Narren gibt.
Ohne sie wären wir, die anderen, zur Erfolglosigkeit verdammt.
Pudd'nhead Wilson's Neuer Kalender

Einige Jahre vor Ausbruch des Bürgerkrieges begann es sich herauszustellen, daß Memphis im Staate Tennessee ein großer Umschlagplatz für Tabak werden würde – wer klug war, sah bereits die ersten Anzeichen, die darauf hinwiesen. Und natürlich besaß Memphis damals einen schwimmenden Landesteg. Es gab einen gepflasterten Kai, auf dem die Frachten gestapelt wurden, aber die Dampfer legten an der Wasserseite des Schwimmstegs an. Alles, was geladen oder gelöscht wurde, wanderte über ihn hinweg, denn er lag zwischen Schiff und Ufer. Die Arbeit auf dem Schwimmsteg erforderte mehrere Angestellte, die jedoch nur einen Teil ihrer täglichen Arbeitszeit in fieberhafter Tätigkeit verbrachten; für den Rest des Tages hatten sie schlechterdings nichts zu tun. Jugend und Tatendrang kochten in ihnen über, und so versuchten sie, die langen Pausen des Nichtstuns erträglich zu machen – und zwar in der Regel, indem sie Streiche ausheckten, die sie einander spielten. Das beliebteste Opfer solcher Streiche war Ed Jackson, weil er selbst niemandem etwas zuleide tat und es anderen Leuten leicht machte – denn er glaubte stets, was man ihm sagte.

Eines Tages verriet er den anderen seine Ferienpläne. Diesmal wollte er nicht jagen oder fischen gehen – nein, er hatte etwas Besseres im Sinn. Von seinen vierzig Dollars Monatsgehalt hatte er genug auf die hohe Kante gelegt, um es – bei einiger Bescheidenheit – durchführen zu können; und nun war es soweit: Er wollte sich New York ansehen.

Das war ein überraschender, ein großartiger Einfall. Es bedeutete, daß er reisen würde, daß er eine weite Reise unternahm, daß er – unter damaligen Verhältnissen – die ganze Welt kennenlernte; es war dasselbe wie heutigentags eine Fahrt um den Erdball. Zuerst glaubten die anderen jungen Männer, mit seinem Verstande stimme etwas nicht; doch als sie einsehen mußten, daß er es ernst meinte, war das Nächstliegende, darüber nachzudenken, welche Gelegenheit das Unternehmen bot, ihm einen Streich zu spielen.

Die jungen Leute überlegten sich die Sache, berieten sich insgeheim und faßten einen Plan. Sein Kern bestand darin, daß einer der Verschwörer Ed ein Empfehlungsschreiben an Commodore Vanderbilt anbieten und dafür sorgen sollte, daß er es auch richtig abgab. Das konnte nicht allzu schwierig sein – doch was würde Ed anstellen, wenn er nach Memphis zurückkehrte? Dann würde die Lage ernst. Zwar war er gutmütig und hatte die Streiche, die man ihm spielte, bisher geduldig hingenommen; aber das waren Späße gewesen, die ihn nicht kränkten oder lächerlich machten; dieser Anschlag dagegen war schon erheblich grausamer, und ihn auszuführen, hieß mit dem Feuer spielen, denn bei aller Gutherzigkeit war Ed Südstaatler – das hieß, platt herausgesagt, daß er nach seiner Rückkehr jeden der Verschwörer umbringen würde, dem er begegnete, bis er selbst am Boden läge. Dennoch – man mußte es riskieren, denn ein solcher Plan war zu schade, um unausgeführt zu bleiben.

Zunächst wurde mit großer Mühe und Sorgfalt der Brief vorbereitet. Er war in angenehm freundschaftlichem Ton gehalten und mit Alfred Fairchild unterzeichnet. Der Text besagte, der Überbringer wäre mit dem Sohn des Schreibers aufs engste befreundet und ein charakterfester junger Mann aus guter Familie; der Commodore möge ihn um des Absenders willen freundlich aufnehmen. Weiter hieß es darin: ›Vielleicht entsinnen Sie sich meiner nach so langer Zeit nicht mehr; doch unsere gemeinsamen Knabenstreiche werden Ihnen gewiß wieder einfallen – wenn ich Sie daran erinnere, wie wir des Nachts den Garten des alten Stevenson beräuberten, um dann, während er auf der Landstraße hinter uns drein jagte, einen Haken zu schlagen, quer über die Felder zurückzukehren und seinem Koch seine eigenen Äpfel für einen Hut voll Pfannkuchen zu verkaufen; oder das andere Mal, als wir …‹ – und so weiter und so fort; da erschienen die Namen erfundener Spielgefährten; alle nur möglichen munteren, absurden und gleichfalls frei erfundenen Schuljungenstreiche und -abenteuer wurden bis in Einzelheiten lebhaft und unterhaltsam geschildert.

Erst dann fragte man Ed in aller Ernsthaftigkeit, ob ihm daran läge, eine Empfehlung an den millionenschweren Commodore Vanderbilt zu erhalten. Die Frage sollte Ed überraschen, und sie tat es.

»Was! Kennst du den berühmten Mann etwa?«

»Nein – aber mein Vater kennt ihn. Sie sind zusammen zur Schule gegangen. Wenn dir daran liegt, schreibe ich Vater und bitte ihn darum. Ich bin sicher, daß er mir gern den Gefallen tut, dir eine Empfehlung auszustellen!«

Ed fehlten einfach die Worte, seiner Freude und Dankbarkeit den gebührenden Ausdruck zu verleihen. Drei Tage vergingen, und der Brief war in seinen Händen. Er machte sich auf die Reise, und beim Abschied wollten seine Dankesbezeigungen kein Ende nehmen. Erst als er außer Sicht war, ließen seine Gefährten ihrem Gelächter freien Lauf, sie tobten vor fröhlicher Genugtuung – um bald darauf zu verstummen. Ihre Fröhlichkeit legte sich, die Genugtuung schwand, und die alten Zweifel an der Klugheit der begangenen Täuschung begannen sich wieder zu melden.

In New York angekommen, fand Ed bald den Weg zum Hauptquartier des Commodore Vanderbilt. Er wurde in ein geräumiges Vorzimmer geleitet, in dem eine ganze Schar von Leuten geduldig darauf wartete, von dem berühmten Millionär zu einem Zwei-Minuten-Interview in seinem privaten Arbeitszimmer empfangen zu werden. Ein Diener fragte nach Eds Karte und erhielt an ihrer Stelle den Brief. Wenig später wurde Ed vorgelassen; er fand Mr. Vanderbilt allein, den Brief offen in der Hand.

»Bitte, nehmen Sie Platz, Mr. – eh …«

»Jackson.«

»Ach ja – nehmen Sie Platz, Mr. Jackson. Den ersten Sätzen nach stammt der Brief von einem alten Freund. Moment – ich möchte ihn nur kurz überfliegen. Er schreibt – wer ist es eigentlich?« Er drehte das Blatt und fand die Unterschrift. »Alfred Fairchild – nun – Fairchild – ich erinnere mich des Namens nicht. Aber das hat nichts zu bedeuten – mir sind schon Tausende von Namen entfallen. Er schreibt – eh – er schreibt – ach, ist das hübsch! Bemerkenswert! Ich kann mich zwar nicht genau entsinnen, aber mir scheint – gleich hab' ich's wieder! Er schreibt – ach, ja – Himmel, war das ein Spaß damals! Ausgezeichnet! Nein, wie einen so etwas in die Vergangenheit zurückversetzt! Ich weiß es nicht mehr genau, natürlich, es ist ja schon so lange her – und die Namen, einige davon erscheinen verschwommen und unbestimmt – aber was denn, ich weiß, so war es, ich fühle es ganz deutlich! Wie einem das ins Herz geht, wie es einem die verlorene Kindheit zurückbringt! Schön, schön – aber ich muß mich jetzt wieder dem arbeitsreichen Alltag widmen, die Geschäfte drängen, und draußen warten Leute – ich lese den Rest heute abend im Bett und erlebe die schöne Jugendzeit noch einmal. Richten Sie Fairchild meinen Dank aus, wenn Sie ihn wiedersehen – ich nannte ihn gewöhnlich Alf, müssen Sie wissen –, meinen Dank für alles, was solch ein Brief dem Herzen eines vielbeschäftigten Mannes bedeutet; und sagen Sie ihm, daß ich für ihn und seine Freunde tun will, was in meiner Macht steht. Sie selbst, mein Junge, sind mein Gast; man kann hier in New York nicht im Hotel absteigen. Machen Sie sich's bequem – ich muß noch schnell diese Leute empfangen, und dann gehen wir zusammen nach Hause. Machen Sie sich keine Gedanken – ich werde mich Ihrer schon annehmen.«

Ed blieb eine Woche und verlebte die schönste Zeit seines Lebens – er ahnte natürlich nicht, daß der Commodore ihn nie aus dem Auge verlor, daß er täglich beurteilt, begutachtet, analysiert, erprobt und geprüft wurde.

Wirklich, er genoß seinen Aufenthalt; und deshalb schrieb er auch nicht nach Hause, sondern wartete darauf, nach seiner Rückkehr erzählen zu können. Zweimal versuchte er sich mit der gebotenen Bescheidenheit und Höflichkeit zu verabschieden, doch der Commodore entgegnete ihm: »Nein, bleiben Sie noch; überlassen Sie das nur mir – ich sage Ihnen, wenn mir der Zeitpunkt zur Abreise günstig erscheint.«

Gerade in diesen Tagen wickelte der Commodore eines seiner weitverzweigten Geschäfte ab – die Vereinigung einzelner, konkurrierender Eisenbahnlinien zu harmonischen Streckennetzen, die Konzentration des steuerlos hin- und herflutenden Handels in sinngemäßen Schwerpunkten – und unter anderem hatte sein weitblickendes Auge auch das Zusammenströmen gewaltiger Tabakmengen in Memphis beobachtet, von dem bereits berichtet wurde, und er hatte beschlossen, die Hand danach auszustrecken und das Geschäft selbst zu machen.

Die Woche ging zu Ende. Erst jetzt sagte der Commodore: »Nun können Sie die Heimreise antreten; aber zuvor müssen wir uns noch ein wenig über diese Tabakgeschichte unterhalten. Ich kenne Sie jetzt. Ich kenne Ihre Fähigkeiten so gut wie Sie selbst – vielleicht sogar besser. Sie sind über dieses Tabakgeschäft orientiert; Ihnen ist klar, daß ich es in meine Hände bringen möchte, und Sie kennen überdies die Pläne, die ich ausgearbeitet habe, um das zu bewerkstelligen. Was ich brauche, ist ein Mann, der um meine Absichten weiß, der fähig genug ist, mich in Memphis zu vertreten, und der in dieser wichtigen Angelegenheit die Regie übernehmen kann. – Ich möchte Sie mit dieser Aufgabe betrauen.«

»Mich?«

»Gewiß. Ihr Gehalt wird natürlich ziemlich hoch sein – schließlich vertreten Sie mich. Und später – nun, wenn Sie Erhöhungen verdienen, dann bekommen Sie sie auch. Sie werden ein kleines Heer von Assistenten brauchen; suchen Sie sich die Leute selbst aus – aber mit Vorsicht. Nehmen Sie keinen Mann, nur weil er Ihr Freund ist; wenn aber gleiche Fähigkeiten zur Wahl stehen, nehmen Sie den Mann, den Sie kennen, und bevorzugen Sie Ihren Freund gegenüber dem Fremden.«

Die Sache wurde noch weiterhin erörtert; dann sagte der Commodore: »Leben Sie wohl, mein Junge, und richten Sie Alf meinen Dank dafür aus, daß er Sie hergeschickt hat.«

Als Ed in Memphis anlangte, stürmte er unverzüglich zum Kai, um die große Neuigkeit bekanntzugeben und den Jungen seinen allerbesten Dank dafür auszusprechen, daß sie den guten Einfall hatten, ihm den Brief an Mr. Vanderbilt mitzugeben. Zufällig geriet er in eine Stunde des Nichtstuns. Der Nachmittag glühte vor Hitze, und am Ufer regte sich kein Lebenszeichen. Doch als Ed sich einen Weg durch die Warenstapel bahnte, entdeckte er auf einem Stapel von Kornsäcken unter einem Sonnensegel eine weißgekleidete, in tiefem Schlummer ausgestreckte Gestalt. ›Das muß einer von ihnen sein‹, sagte er sich, steuerte auf ihn zu, erkannte ihn – ›Wie hübsch, daß es gerade Charley Fairchild ist!‹ –, und im nächsten Augenblick lag seine Hand schon freundschaftlich auf der Schulter des Schläfers. Der öffnete träge die Lider, blickte hoch, wurde kalkweiß im Gesicht, fuhr von seinem Sackstapel auf – und im nächsten Moment stand Ed allein da; Fairchild flüchtete wie der Wind zum Anlegeplatz hinüber.

Ed war starr vor Verblüffung. War Fairchild verrückt geworden? Was hatte das zu bedeuten? Langsam und gedankenvoll näherte er sich dem Schwimmsteg und stand, als er um den letzten Warenstapel bog, plötzlich zweien der jungen Leute gegenüber. Sie lachten gerade unbekümmert über irgendeinen Scherz; sie hörten seine Schritte und schauten hoch, gerade als er sie entdeckte; ihr Lachen erstarb auf der Stelle, und bevor Ed sie noch anreden konnte, waren sie auf und davon, über Fässer und Ballen dahinsegelnd wie gehetztes Wild. Wieder stand Ed starr da. Waren die Jungen denn alle nicht richtig im Kopf? Was sollte dieses merkwürdige Benehmen heißen? In Gedanken versunken erreichte er den Schwimmsteg und kletterte an Bord – überall Stille und gähnende Leere. Er überquerte das Deck, um an der Seeseite entlangzugehen, hörte ein erschrecktes »Oh Gott!« – und sah eine weißgekleidete Gestalt über Bord springen.

Keuchend und hustend tauchte der junge Mann wieder auf und schrie:
»Komm mir nicht zu nahe und laß mich in Frieden. Ich war es nicht – ich schwöre dir, ich hab es nicht getan!«
»Was hast du nicht getan?«
»Ich habe dir den …«
»Einerlei, was du nicht getan hast – komm heraus! Was soll dieses Theater? Was habe ich denn nur verbrochen?«
»Du? Aber doch gar nichts! Nur …«
»Also gut, was habt ihr dann gegen mich? Warum behandelt ihr mich so?«
»Ich – nun – hast du denn etwa nichts gegen uns?«
»Natürlich nicht. Wie kommt ihr nur auf solche Gedanken?«
»Ehrenwort – du hast wirklich nichts gegen uns?«
»Ehrenwort!«
»Beschwöre es!«
»Ich weiß wirklich nicht, was das soll – aber gut, ich beschwöre es.«
»Und du würdest mir die Hand darauf geben?«
»Himmel, ja – nur zu gerne! Ich verschmachte geradezu danach, irgend jemandem die Hand zu geben!«
›Zum Henker, er hat Lunte gerochen und den Brief überhaupt nicht abgeliefert – aber mir soll's recht sein, ich werde die Rede nicht darauf bringen‹, murmelte der Schwimmer, kroch an Deck und kam völlig durchweicht und triefend, um Ed die Hand zu schütteln. Nach und nach tauchten auch die anderen Verschwörer auf, bis an die Zähne bewaffnet, beobachteten die freundschaftliche Begrüßung, trotteten vorsichtig herbei und schlossen sich dem Willkommensgruß an.
Auf Eds erstaunte Frage, was sie zu dieser Gebarung veranlaßt habe, antworteten sie ausweichend und gaben vor, es hätte sich

um einen Spaß gehandelt – nur um zu sehen, wie er reagieren würde. Das war die beste Erklärung, die ihnen im Augenblick einfallen wollte. Und jeder von ihnen sagte sich: ›Er hat den Brief nicht abgegeben; und wenn er von dem Streich wüßte oder wir dumm genug wären, jetzt damit herauszukommen, hätte er die Lacher auf seiner Seite.‹

Natürlich wollten sie die Geschichte seiner Reise hören, und er sagte:

»Dann kommt alle aufs Kesseldeck und bestellt etwas zu trinken – das geht auf meine Rechnung. Ich werde euch alles erzählen. Und heute abend lade ich euch alle ein – wir wollen Austern essen und uns einen prächtigen Abend machen.«

Die Gläser wurden gebracht, Zigarren angezündet, und Ed erzählte:

»Also, nachdem ich Mr. Vanderbilt den Brief überreicht hatte ...«

»Du lieber Himmel!«

»Gott, habt ihr mich erschreckt! Was ist denn los?«

»Oh, nichts – nichts; nur ein Nagel in meinem Stuhlsitz«, sagte einer der jungen Leute.

»Aber ihr habt doch alle geschrien? – Nun, einerlei – nachdem ich den Brief abgegeben hatte ...«

»Du hast den Brief tatsächlich abgegeben?« Sie schauten einander an wie Leute, die nicht recht wissen, ob sie wach sind oder träumen.

Dann hörten sie schweigend zu; und als die Geschichte voranging und immer wunderbarer wurde, waren sie nahezu gelähmt vor Erstaunen und vergaßen vor lauter Spannung das Atmen. Während der nächsten zwei Stunden äußerten sie kaum ein Flüstern, saßen wie versteinert da und genossen die Romantik, die in der Sache steckte. Schließlich war die Geschichte zu Ende, und Ed sagte:

»Das alles verdanke ich euch, Boys; und ihr sollt mich nicht für undankbar halten – wirklich, ihr seid die besten Freunde, die ein Mann je gekannt hat! Ich habe Stellungen für euch alle – ich brauche jeden einzelnen von euch. Schließlich kenne ich euch – kenne euch durch und durch, wie ein Spieler seine Gegner. Ihr seid Spaßvögel und was nicht noch, aber ihr könnt etwas leisten, ihr seid klasse. Charley Fairchild, du wirst mein Chefassistent und meine rechte Hand, einmal deiner Fähigkeiten wegen, aber auch, weil du mir den Brief gegeben hast, und um deines Vaters willen, der ihn für mich schrieb; schließlich Mr. Vanderbilt zu Gefallen, der es angeordnet hat! Und nun ein Hoch auf den großen Mann – euch allen zum Wohle!«

Nun, wenn die Gelegenheit günstig ist, wird auch der rechte Mann zur Stelle sein – sogar wenn er tausend Meilen weit entfernt ist und es eines dummen Streiches bedarf, ihn herbeizuschaffen.

ÜBER DEN VERFALL DER KUNST DES LÜGENS

Essay, zur Diskussion gestellt, vorgetragen
auf einer Versammlung des Historiker- und
Altertumsforscherklubs Hartford,
eingereicht für den Dreißig-Dollar-Preis.
Hier zum erstenmal veröffentlicht.[3]

Beachten Sie, ich will nicht andeuten, daß die *Gewohnheit* des Lügens irgendeinen Niedergang oder eine Unterbrechung erfahren hat – nein, denn die Lüge als Tugend, als Prinzip ist unvergänglich; die Lüge als Unterhaltung, Trost, als Zuflucht in Zeiten der Not, als vierte Grazie, zehnte Muse, als bester und treuester Freund des Menschen ist unsterblich und kann auf der Welt nicht untergehen, solange dieser Klub besteht. Meine Klage betrifft nur den Verfall der *Kunst* des Lügens. Kein hochherziger Mensch mit dem rechten Feingefühl kann das plumpe, schlampige Lügen von heute betrachten, ohne sich darüber zu grämen, wie eine edle Kunst so erniedrigt wird. In diesem Kreis erfahrener Männer kann ich das Thema natürlich nur mit Scheu behandeln; es ist, als ob eine alte Jungfer versucht, den Müttern Israels etwas über Kinderpflege beizubringen. Es würde mir nicht anstehen, Sie zu kritisieren, meine Herren, die Sie fast alle älter sind als ich – und mir in dieser Sache überlegen –, und deshalb, wenn es hier und da den *Anschein* haben sollte, daß ich es tue, so wird es, glaube ich, in den meisten Fällen mehr im Geiste der Bewunderung als eines Mäkelns geschehen; fürwahr, wenn diese schönste

3 Erhielt den Preis nicht.

der schönen Künste überall die Aufmerksamkeit, Ermutigung und gewissenhafte Anwendung und Weiterentwicklung erhalten hätte, die dieser Klub ihr zuteil werden ließ, brauchte ich dieses Wehklagen nicht anzustimmen oder auch nur eine Träne zu vergießen. Ich sage das nicht, um zu schmeicheln; ich sage das im Sinne einer gerechten, hochschätzenden Anerkennung. (Es war meine Absicht gewesen, an dieser Stelle Namen zu nennen und anschauliche Beispiele zu geben, aber sichtbare Anzeichen meiner Umgebung sprachen dafür, mich vor Einzelheiten zu hüten und mich auf Allgemeines zu beschränken.)

Keine Tatsache steht so fest wie die, daß Lügen eine Notwendigkeit unserer Verhältnisse ist – der Schluß, daß es demzufolge eine Tugend ist, liegt auf der Hand. Keine Tugend kann ohne sorgfältige, emsige Pflege ihre höchste Nützlichkeit erreichen; deshalb versteht es sich von selbst, daß diese Tugend in den öffentlichen Schulen gelehrt werden sollte, am Kamin, sogar in den Zeitungen. Welche Chance besitzt der unkundige, ungeübte Lügner gegen den gebildeten Experten? Welche Chance habe ich gegen Mr. Per... – gegen einen Anwalt? Das *verständige* Lügen ist es, was die Welt braucht. Manchmal denke ich, es wäre sogar besser und sicherer, überhaupt nicht zu lügen, als unverständig zu lügen. Eine plumpe, unsachgemäße Lüge ist oft genauso unwirksam wie die Wahrheit.

Wir wollen einmal nachsehen, was die Philosophen sagen. Beachten Sie dieses ehrwürdige Sprichwort: Kinder und Dummköpfe sagen immer die Wahrheit. Die Schlußfolgerung ist klar – Erwachsene und Kluge sagen sie nie. Der Historiker Parkman schreibt: »Das Prinzip der Wahrheit kann zu Tode geritten werden.« An anderer Stelle des gleichen Kapitels sagt er: »Es ist eine alte Weisheit, daß man nicht immer die Wahrheit sagen soll, und jene, denen ein krankhaftes Gewissen so zusetzt, daß sie diesen Grundsatz gewohnheitsmäßig verletzen, sind Schwachköpfe und eine Plage.« Das sind harte, aber wahre Worte. Mit einem gewohnheitsmäßigen Wahrheitssager könnte keiner von uns auskommen; aber Gott sei Dank braucht das keiner von uns. Ein gewohnheitsmäßiger Wahrheitssager ist einfach ein unmögliches Wesen; ihn gibt es gar nicht, ihn hat es nie gegeben. Natürlich existieren Leute, die *glauben,* nie zu lügen, aber dem ist nicht so – und diese Unkenntnis ist gerade einer jener Punkte, die unserer sogenannten Zivilisation Schande bereiten. Ein jeder lügt – jeden Tag, jede Stunde, im Wachen, im Schlafen, in seinen Träumen, in seiner Freude, in seiner Trauer; wenn man die Zunge stillhält, so wird die Täuschung mit Händen, Füßen, Augen und mit der Haltung ausgedrückt – und zwar vorsätzlich. Sogar bei Predigten – aber das ist ja eine Binsenwahrheit.

In einem fernen Lande, in dem ich einmal gelebt habe, pflegten die Damen unter der menschlichen und freundlichen Vorspiegelung, einander sehen zu wollen, reihum Besuche zu machen; und wenn sie nach Hause kamen, riefen sie mit froher Stimme aus: »Wir erledigten sechzehn Besuche und fanden vierzehn davon aus«, was nicht hieß, daß sie etwas gegen die vierzehn ausfindig gemacht hätten – nein, das war nur so eine geläufige Redensart, die bedeutete, daß sie nicht zu Hause waren; und die Art, wie sie das sagten, drückte ihre lebhafte Befriedigung darüber aus. Nun, die Vorspiegelung, die vierzehn sehen zu wollen – und auch die anderen beiden, bei denen sie weniger Glück hatten –, war die gebräuchlichste und mildeste Form des Lügens, die hinlänglich als Abweichen von der Wahrheit beschrieben wird. Ist das berechtigt? Und ob. Es ist schön, es ist großmütig, denn die Absicht ist nicht, einen Vorteil daraus zu ziehen, sondern den sechzehn eine Freude zu bereiten. Der hartherzige Wahrheitskrämer würde deutlich zeigen oder sogar aussprechen, daß er jene Leute nicht sehen will – ein Esel wäre er, und er würde ihnen absolut unnötigerweise weh tun. Und weiter, diese Damen jenes fernen Landes ... aber das macht ja nichts, es gab jedenfalls bei ihnen tausend freundliche Arten zu lügen, die alle den besten Regungen entsprangen, für ihre Klugheit sprachen und ihrer Gemütsart Ehre machten. Lassen wir die Einzelheiten.

Die Männer dieses fernen Landes waren Lügner, jeder einzelne. Ihr einfaches »Tag, wie geht's?« war schon eine Lüge, weil es ihnen gleich war, wie es einem ging – wenn sie nicht gerade Leichenbestatter waren. Dem gewöhnlichen Fragenden erwiderte man die Lüge, denn man stellte keine gewissenhafte Diagnose über den eigenen Fall an, sondern antwortete beliebig und ging beträchtlich am wahren Sachverhalt vorbei. Man log den Leichenbestatter an und sagte, es ginge gesundheitlich bergab mit einem – eine vollkommen löbliche Lüge, denn sie kostete einen nichts und erfreute den anderen. Wenn ein Fremder vorsprach und einen bei seiner Beschäftigung unterbrach, sagte man herzlich in Worten: »Ich freue mich, daß Sie kommen!« – und noch herzlicher im Geiste: ›Ich wünschte, du wärst bei den Kannibalen, und es wäre Mittagszeit.‹ Wenn er ging, sagte man bedauernd: »*Müssen* Sie schon gehen?« und fügte hinzu: »Kommen Sie wieder!« Aber man schadete niemandem, denn weder täuschte man jemanden, noch tat man jemandem weh, wohingegen die Wahrheit beide Beteiligte unglücklich gemacht hätte.

Ich denke, all dieses höfliche Lügen ist eine feine, liebenswürdige Kunst und sollte gepflegt werden. Die höchste Perfektion der Höflichkeit ist nichts als ein schönes Gebäude, vom Sockel bis zur Kuppel errichtet aus anmutigen, vergoldeten Formen wohltätigen, uneigennützigen Lügens.

Was ich beklage, ist das wachsende Vorherrschen der brutalen Wahrheit. Wir wollen alles tun, sie auszurotten. Eine schädliche Wahrheit besitzt keinen Vorzug gegenüber einer schädlichen Lüge. Beide sollte man nie aussprechen. Derjenige, der eine schädliche Wahrheit ausspricht, damit seine Seele nicht dafür verdammt werde, daß er etwas anderes sagte, sollte bedenken, daß eine solche Seele nicht unbedingt wert ist, gerettet zu werden. Von einem, der eine Lüge ausspricht, um einem armen Teufel aus der Patsche zu helfen, sagen die Engel zweifellos: »Seht, das hier ist eine heldenhafte Seele, die das eigene Heil aufs Spiel setzt, um das des Nächsten zu fördern; laßt uns den großherzigen Lügner preisen.«

Eine schädliche Lüge ist eine unlöbliche Sache; das trifft auch und in gleichem Maße für eine schädliche Wahrheit zu – eine Tatsache, die vom Gesetz betreffs Verleumdung anerkannt wird.

Unter den übrigen gewöhnlichen Lügen haben wir noch die *stille* Lüge – die Täuschung, die man dadurch erreicht, daß man einfach schweigt und die Wahrheit verbirgt. Viele hartnäckige Wahrheitskrämer geben sich dieser Ausschweifung hin und bilden sich ein, wenn sie keine Lüge aussprächen, lögen sie gar nicht. In jenem fernen Lande, in dem ich einmal gelebt habe, gab es eine liebenswerte Seele, eine Dame, deren Sinnen und Trachten stets edel und rein war und deren Charakter dem entsprach. Eines Tages speiste ich dort zu Mittag und äußerte ganz allgemein, daß wir alle Lügner seien.

Sie war entgeistert und sagte: »Doch nicht *alle*?«

Das war noch vor der Zeit der Kinderlätzchen, deshalb unterließ ich die Erwiderung, die heutzutage darauf erfolgen würde,

sagte aber offen: »Ja, alle – wir sind alle Lügner, es gibt da keine Ausnahme.«
Sie sah fast beleidigt aus und sagte: »Wieso, schließen Sie mich ein?«
»Gewiß«, sagte ich, »ich glaube sogar, Sie zählen zu den Fachleuten.«
Sie sagte: »Pst – pst! Die Kinder!« Mit Rücksicht auf die anwesenden Kinder wurde das Thema also gewechselt, und wir unterhielten uns weiter über andere Dinge. Doch sobald die Jüngeren aus dem Wege waren, kam die Dame eifrig auf die Sache zurück und sagte: »Ich habe es mir zur Lebensregel gemacht, keine Lüge auszusprechen, und ich bin in keinem einzigen Falle davon abgewichen.«
Ich sagte: »Ich will Ihnen nicht im mindesten zu nahe treten oder Sie geringschätzen, aber solange ich hier sitze, haben Sie gelogen, daß sich die Balken biegen. Das hat mir ziemlich weh getan, denn ich bin das nicht gewöhnt.«
Sie wollte dafür ein Beispiel haben – ein einziges Beispiel. Ich sagte deshalb: »Nun, hier ist das unausgefüllte Doppel des Formulars, das Ihnen die Leute vom Krankenhaus Oakland durch die Krankenschwester sandten, als sie herkam, um Ihren kleinen Neffen während seiner gefährlichen Krankheit zu pflegen. Dieses Formular stellt allerlei Fragen über das Verhalten der Krankenschwester: ›Schlief sie einmal während des Dienstes ein? Vergaß sie einmal, Medizin zu geben?‹ und so weiter. Sie werden darauf hingewiesen, die Fragen sehr sorgfältig und klar zu beantworten, denn der Erfolg des Fürsorgedienstes erfordert, daß die Schwestern für Versäumnisse mit Geldstrafe belegt oder anderswie bestraft werden. Sie haben mir nun erzählt, Sie seien vollkommen entzückt von der Krankenschwester – daß sie tausend gute Seiten habe und nur einen Fehler:

Sie hätten bemerkt, Sie könnten sich nie darauf verlassen, daß sie Johnny auch nur halbwegs richtig einpackt, während er in einem kalten Stuhl darauf wartet, daß sie ihm das warme Bett neu herrichtet. Sie haben das andere Exemplar des Formulars ausgefüllt und durch die Schwester dem Krankenhaus zugestellt. Wie haben Sie nun diese Frage beantwortet: ›Hat sich die Krankenschwester irgendwann eine Nachlässigkeit zuschulden kommen lassen, die zu einer Erkältung des Patienten hätte führen können?‹ Nun bitte – hier in Kalifornien wird alles durch eine Wette entschieden: zehn Dollar gegen zehn Cent, daß Sie logen, als Sie diese Frage beantworteten.«
Sie sagte: »Ich log nicht; *ich habe es frei gelassen*!«
»Ganz recht – Sie haben eine *stille* Lüge vorgebracht; Sie ließen daraus schließen, daß Sie in diesem Punkte keine Beanstandungen hatten.«
Sie sagte: »Oh, war das eine Lüge? Und wie *hätte* ich ihren einen Fehler erwähnen können, wo sie so gut war? – Das wäre hart gewesen.«
Ich sagte: »Man sollte stets lügen, wenn man damit Gutes tun kann; Ihr Bestreben war richtig, aber Ihre Entscheidung war nicht durchdacht. Nun achten Sie mal auf die Folgen dieser Ihrer unfachmännischen Abirrung. Sie wissen, daß Mr. Jones' Willie mit Scharlach schwer darniederliegt; gut, Ihre Empfehlung war so begeistert, daß nun dieses Mädchen ihn pflegt, und während der letzten vierzehn Stunden hat die erschöpfte Familie zuversichtlich fest geschlafen und ihren Liebling mit vollem Vertrauen in jenen verhängnisvollen Händen gelassen, weil Sie, wie der kleine George Washington, in dem Ruf steh … – Wenn Sie allerdings nichts weiter zu tun haben, dann komme ich morgen vorbei, und wir gehen zusammen zur Beerdigung, denn selbstverständlich werden Sie naturgemäß an

Willies Fall ein besonderes Interesse spüren – wirklich ein so persönliches wie der Leichenbestatter.«

Aber das war alles vergebens. Bevor ich halb fertig war, saß sie schon in einem Wagen und jagte mit dreißig Meilen die Stunde auf Jones' Haus zu, um zu retten, was von Willie noch übrig war, und alles zu erzählen, was sie über die todbringende Krankenschwester wußte. Was sich alles erübrigte, da Willie nicht krank war; ich selbst hatte gelogen. Nichtsdestoweniger schrieb sie dem Krankenhaus am gleichen Tage noch eine Zeile, welche die frei gelassene Stelle ausfüllte, und gab auch noch die Tatumstände an, so unzweideutig wie nur möglich.

Sie sehen nun, der Fehler der Dame war *nicht* das Lügen, sondern nur das unbesonnene Lügen. Sie hätte *dort* die Wahrheit sagen und es weiter unten auf dem Formular mit einem trügerischen Kompliment der Krankenschwester gegenüber wiedergutmachen sollen. Sie hätte sagen können: »In einer Hinsicht ist diese Krankenschwester vollkommen: Wenn sie im Dienst ist, schnarcht sie nie.« Fast jede kleine, angenehme Lüge hätte jener lästigen, aber notwendigen Feststellung der Wahrheit den Stachel genommen.

Lügen ist allgemein – wir alle tun es; wir alle müssen es tun. Deshalb ist es das Klügste, daß wir uns eifrig üben, wohlbedacht zu lügen, verständig; in guter Absicht zu lügen, und nicht in böser; zum Nutzen anderer zu lügen, und nicht zu unserem eigenen; heilsam, wohltätig, menschlich zu lügen, nicht grausam, verletzend, heimtückisch; anmutig und reizvoll zu lügen, nicht linkisch und unbeholfen; fest, offen und aufrecht zu lügen, mit erhobenem Kopf, nicht zögernd, sich windend, mit verzagter Miene, als schäme man sich unserer hohen Berufung. Dann werden wir uns von der verderbten und widerlichen Wahrheit befreien, die das Land mit Fäulnis überzieht;

dann werden wir groß und gut und schön sein, würdige Bewohner einer Welt, in der selbst die gütige Natur gewohnheitsmäßig lügt, außer wenn sie abscheuliches Wetter verspricht. Dann – aber ich bin ein junger, schwacher Eleve dieser freundlichen Kunst, ich kann *diesen* Klub nicht belehren.
Spaß beiseite, ich glaube, es bedarf dringend einer umsichtigen Prüfung, welchen Arten der Lüge sich hinzugeben am besten und zuträglichsten ist, wenn man schon sieht, daß wir alle lügen *müssen* und auch alle lügen, und welche Arten man am besten meidet – und das ist eine Angelegenheit, die ich meines Erachtens vertrauensvoll in die Hände dieses Klubs legen kann – einer erfahrenen Körperschaft, die man in dieser Hinsicht ohne ungebührliche Lobhudelei als alte Meister bezeichnen darf.